JN063534

子どもたちに映画を！

キネコ国際映画祭ができるまで

集英社

第1回〈キンダー・フィルムフェスト・ジャパン〉の記者会見（1992年）

「子ども審査員」の会議の様子

「子ども審査員」の子どもたち

声優体験の様子

子ども映画の魅力を教えてくれた『テディとアニー』

左から、ポーランドのディレクターのアンナ、『テディとアニー』の監督グラハム・ラルフ、著者

熱気球に乗っていたキネコファミリー
（左から、高橋克典さん、中山秀征さん、戸田恵子さん　第24回　2016年）

二子玉川の野外ステージ（第27回　2019年）

25年間、『テディとアニー』の吹き替えを続けている河合博行さんと涼木さやかさん
（コロナ禍の中で開催された第28回　2022年3月）

子どもたちに映画を！　キネコ国際映画祭ができるまで　目次

第三章 フェスティバル・ディレクターという仕事

第四章 真の国際映画祭になる

第五章 キネコの未来

装幀　松田行正＋杉本聖士

子どもたちに映画を！　キネコ国際映画祭ができるまで

はじめに

みなさんは「国際映画祭」と聞くと、どんなイメージを思い浮かべますか。メディアで大々的に取り上げられているのは、カンヌ国際映画祭やヴェネツィア国際映画祭といった大規模かつ商業的な映画祭ですから、著名な映画監督や俳優が一堂に会し、賞の発表に沸き立つ、華やかできらびやかな印象が強いのではないかと思います。

国際映画祭とは、世界じゅうから集めた多種多様な映画の上映と優れた作品の選考を行なう、世界各地で開催されている映画の祭典のことです。その多くは映画売買のマーケットとしての機能も備えています。小規模なものもあれば、特色溢《あふ》れるユニークなものもあり、その数は数百とも数千とも言われています。

〈キネコ国際映画祭〉は、東京都世田谷区の二子玉川《ふたこたまがわ》エリアで毎年開催している、日本最大規模の国際映画祭のひとつです。ただ、みなさんが思い浮かべる映画祭とは少し違っているかもしれません。キネコ国際映画祭は、子ども、そして子育てに関わる人々に向けた映画だけを集めた映画祭だからです。子どもたちにどれだけの夢を与えることができるのか、映画自体をいかに楽しんでもらうことができるのかが主眼となるので、いわゆる商業的な国際映画祭とはかなり趣が異なります。マルシェやワークショップ、大道芸パフォーマンスなど、さまざまな催しを二子玉川のまちなかを使って繰り広げており、現在は子どもと映画をテーマに、地域全体で楽しめるお祭りになりつつあります。二〇二二年十一月に開催した第二十九回キネコ国際映画祭は、五日間でのべ九万人の来場者数を記録。これは世界の名だたる国際子ども映画祭にも引けをとらない数字です。

しかしつい最近まで、キネコ国際映画祭は私が個人的な想《おも》いだけで開催してきた手づくりの映画祭でした。前身となる〈キンダー・フィルムフェスト・ジャパン〉は、一九九二年の第一回で客席にいた観客が、なんとたったの五人です。大袈裟《おおげさ》に言っているわけではありません。本当に五人だったのです。

それでも私は、この映画祭を世界有数の国際映画祭にしたいという夢を諦めることができませんでした。幼少期から、人生の大切なことはすべて映画やドラマに教わってきましたし、映画監督になりたいと、単身アメリカに渡ったこともあります。起業してからは会社の経営に追われていましたが、ひょんなことから子ども映画祭の運営に携わることになると、映画に関する仕事がしたいという気持ちが再び湧き上がりました。

私の長所は、諦めの悪さと絶対にうまくいくに違いないという根拠のない自信です。三十年かけて、来場者数はわずか五人から九万人まで増え、今では胸を張って国際映画祭だと名乗れるまでになりました。

もちろん、それまでの道のりは平坦《へいたん》ではありませんでした。つらいことや大変なことが山ほどあり、映画が数本つくれるのではないかと思うほど、たくさんのエピソードがあります。失敗し、迷惑をかけ、ケンカもしました。もうやりたくないと匙《さじ》を投げようとしたことも何度となくあります。

しかし、キネコ国際映画祭の趣旨に共感し、「この映画祭は日本に必要な映画祭だ」と言ってくれた映画を愛する人々が、欠点だらけの私を叱咤《しった》激励し、快く力を貸してくれました。そのおかげで今の私、そして今のキネコ国際映画祭があります。

今回、三十周年という節目にあたり、個人が続けてきた手づくりの子ども映画祭が、どのようにして世界に誇れる国際映画祭に成長していったのか、そしてこの先、どんな映画祭にしていきたいと考えているのかをお伝えできればと思います。

子ども映画祭には、映画文化の醸成と映画・映像クリエイターの育成はもちろん、子どもたちの成長や学びにつながる映画体験を提供し、まちづくりやコミュニティ形成まで担うことができる、大きな力があります。その可能性を、この本を通じて感じていただければ嬉《うれ》しいです。

ただ、映画祭の話を始める前に少し私自身のお話をさせてください。なぜ私が子ども映画祭を始めて、ここまで続けることができたのかを考えたとき、それはやはり、私が幼少期に映画と出会い、人生において多大な影響を受けてきたことが原点にあると思うからです。

第一章

映画は人生のバイブルだった

子ども時代のトラウマ

一九六五年、私は北海道の上ノ国町《かみのくにちょう》で生まれました。函館にほど近い上ノ国町は、海と山に囲まれて、いつも風が強く吹いている小さな田舎町です。祖父は大工の棟梁《とうりょう》、父は林業を営んでいました。家はだだっ広い大地に建つ平屋の一軒家。馬二頭、豚、牛、さらに鶏も飼っていて、父が目の前で豚や鶏をさばいて食べさせてくれたこともありました。田んぼと畑もあり、ほぼ自給自足の生活です。父が馬で山に向かうときには、私も一緒に馬に乗り、学校でおろしてもらっていました。当時、林業はまだまだ儲《もう》かっていて、杉の木が一本四万〜五万円で売れたそうです。町の木こりが集まる山小屋に行くと札束が並べてあり、みんなで山分けしていたことは今でも覚えています。

これだけ聞くと、さぞかしワイルドに育ったのだろうと思われるかもしれません。でも私は、親族は女ばかりで、男がなかなか生まれなかった田平《たひら》家にようやく誕生した男の子だったこともあり、親戚じゅうから跡取りとして、たいそうかわいがられました。洋服は、毎日スーツです。畑の中をスーツを着て走り回り、運動会もスーツで参加していました。呼び名は北海道弁の「めんこい（かわいい）」をかけて〝めんこちゃん〟。ちやほやされて育ったせいか、どこかおっとりして弱々しいところのある子どもでした。両親いわく、上ノ国の小学校では、クラスの中でいちばんの優等生だったらしいです。だったらしい、というのは、引っ越した愛知県での日々がつらすぎて、北海道時代の記憶がどうにも朧《おぼろ》げになってしまっているからです。

我が家は、私が小学三年生のときに北海道から愛知県尾西市《びさいし》（現一宮市《いちのみやし》）に引っ越しました。尾西市では親戚が染織会社で働いていました。そのツテを頼り、両親も染織会社に職を得て、移り住むことを決めたのです。

先述のとおり、まだまだ林業は羽振りがよく、決して生活が苦しかったわけではありませんでした。ただ両親は、高度経済成長期の只中《ただなか》で、今後の生活についていろいろな可能性を考えたのではないでしょうか。母は馬に足を踏まれて大怪我《おおけが》をした経験から「もう百姓はやりたくない」と常々言っていましたし、当時は農林業よりもサラリーマンのほうがいいものだという風潮がありました。

スーツ姿の"めんこちゃん"

私が引っ越してぶち当たったのは、学習レベルの圧倒的な差でした。愛知県の小学校は、北海道の小学校よりもかなり授業が進んでいて、まったく追いつくことができなかったのです。北海道では、小学二年生が終わった段階で掛け算の一の段と二の段と五の段しかやっていなかったのに、愛知県ではすでに掛け算は終わり、割り算に入ったところでした。かといって我が家には、勉強が後れているから塾に行くという考えもありません。優等生だったはずの私は、瞬《また》く間《たた》に勉強ができない劣等生に落ちこぼれていきました。

「宿題」という言葉も、愛知県に来てから初めて知りました。北海道では宿題が一切なかったので「宿題ってなあに？」という状態です。勉強はついていけないし、宿題をやる習慣がなかったからちっともやっていかない。担任の先生からは、毎日のように叱《しか》られていました。それもただ注意されるのではないのです。一日じゅう廊下に立たされたり、みんなの前で激しく罵倒《ばとう》されたり。「特殊学級に入れる」と言われたこともありました。母が「北海道では勉強ができる子だったのだからそんなはずはない！」ときっぱり断りましたが、もしあのとき、母が断らなかったら、私の人生は大きく違っていたかもしれません。

今だったら間違いなく大問題になっていると思いますが、要は先生からいじめの標的にされたのです。その先生が担任だった小学三、四年生のときのことは、今でも思い出すたびに怖くて仕方がありません。そのせいで、ずっとおねしょが治りませんでした。授業中に廊下に立たされ続けたので、勉強はいよいよ何ひとつわからなくなりました。幸い友だちはできましたが、学校はずっと怖い場所のままです。

でも、両親は見知らぬ土地に来て一生懸命働いていたので、心配をかけたくありませんでした。「勉強やってるか？」と訊《き》かれたら「うん！　大丈夫！」と適当に答える。小学三年生ではグレるわけにもいかなかったので、家では元気なふりをして、学校ではただ耐えるだけの二年間を送っていました。

今でも話し始めると震えがしてくるぐらい、怖くてつらい記憶です。それでも大人になって考えると、この経験は私にある大切で大きな出会いを与えてくれました。

そうです。映画との出会いです。

映画から知恵を学ぶ

どれだけ理不尽な目に遭《あ》っても、ただ耐えることしかできなかった子ども時代の私がのめり込んだのが、テレビで放映されていた映画やドラマでした。夕方の時間は、海外ドラマや映画の再放送をよくやっていて、学校が終わるとまっすぐ家に帰ってそれらを観《み》ることが、唯一の楽しみになっていったのです。

夜は夜で、日曜洋画劇場、水曜ロードショー、金曜ゴールデン洋画劇場など、映画番組を欠かさずチェックし、観た映画やドラマはすべてノートに記録しました。宿題はまったくやらなかったのに、映画ノートは毎日つけることができました。好きなことに対するエネルギーというのは本当にすごいものだと思います。

映画やドラマは、子どもだった私がつらい現実から逃げるための手段でした。と同時に、生きる上で大切なことをたくさん教えてくれる先生でもありました。学校では勉強していないから、漢字はまともに書けないし、計算もできない。本も読みません。だからこそ、生きていくために必要な知恵や教訓は、映像から学びとるしかなかったのです。

例えばいろいろな映画を観ているうちに、自分の好きなことややりたいことがだんだんわかってきます。力をもたない子どもは夢を見ることしかできません。小学五年生の私が夢見たのは「アメリカに行く」ことでした。

当時は、アメリカのドラマが毎日のように放送されていました。壁の色合いや置いてある家具、トースターから飛び出すパンなど、見るものすべてが新鮮で、行ったこともないのに勝手に妄想が膨《ふく》らんでいきました。映像からアメリカの匂いが伝わってきて、そこにいる自分をイメージするとワクワクしてくるのです。そして「僕はアメリカに行く、この世界の中で生きる」と決めました。映画の登場人物には、本当にかっこいい大人が多かった。理想の大人や理想の生き方を知っていくうちに「アメリカに行って成功者になろう」と思ったのです。

もっとも印象深かった日本のテレビ番組があります。小学四年生の頃に観ていた『どてらい男《やつ》』というドラマです。なんと全百八十回、三年半も放送されていた長寿ドラマでした。戦前の福井に生まれた主人公が大阪の商店へ丁稚奉公《でっちぼうこう》に出て苦労し、やがて戦争に行って、戦地でも古参兵にいびられる。それでも彼はじっと耐え、知恵を使い、ときにはウソもつきながら、数々の苦難を乗り越えてたくましく生き抜いていく。その姿が、ひたすら耐えていた当時の自分の姿と重なって見えました。後半、その主人公が社長になって成功するのを観て、いつか自分も社会の成功者になりたいと思いました。

このドラマとの出会いがなかったら、そのあと、どんな逆境でもめげずに乗り越えることができたかどうか、正直わかりません。『どてらい男《やつ》』は、私の小学生時代のバイブルです。今の自分の半分ぐらいは、間違いなくこのドラマからつくられていると思います。

映画で培った空想力

映画の観過ぎで、いつのまにか私には空想癖《へき》がついていました。授業中は映画やドラマを思い出しては、「ショッカーがやってきて先生をやっつけてくれないかな」とか「ヒーローがジェット機から降りてきて僕に向かって敬礼してくれないかな」とか、そんなことばかり考えていました。

空想ばかりしていたおかげでしょうか、想像力豊かになって、何事もポジティブな捉え方ができるようになりました。「やればできる」とか「正義は絶対に勝つ」とか、本気でそう思っていたのです。なぜかと言えば、映画ではそうだからです。アメリカに行って成功者になることも、自分にだって当たり前にできると思っていました。実現しない可能性など微塵《みじん》も考えていませんでした。

だから私は、今でもトラブルというものがそれほど怖くありません。もし何かあってもいくつかの映画の場面を思い出せば、「こうすれば乗り越えられる」ということがわかるからです。実際、映像から学んだことをちゃんと実践していれば、大抵のことは乗り越えることができます。つまり、映画やドラマから得た学びと空想力が、私の人間力を育んでくれたのです。

物語が現実に力を与える。それは、映画が子どもたちに贈ることができる無限の可能性の証明だと思っています。

――ケンカに明け暮れた青春時代

小学校時代は、青春ドラマや、正義とモラルをストレートに描いた映画が心に刺さっていました。自分はこうありたいとか、男はこうでなくてはいけないということを、そうした映画から学んでいたのです。ところが中学生になる頃には、戦いものの映画を好んで観るようになっていきました。

勉強ができなかった私に残された道は〝力〟しかありませんでした。実は、小学三年生のとき、勉強ができないことをバカにされてケンカになり、がむしゃらに手を振り回していたら、勝ってしまったことがあったのです。それが成功体験となって「おれにはケンカしかない」と思うようになりました。

中学生になる頃には、その決意は揺るぎないものになります。自分は勉強ができないバカだと思われているので、プライドを保つためにも、ひとつぐらいはいちばんになるものをつくらないといけないと思ったわけです。そこで、空手の本を見て型を真似《まね》してみたり、サンドバッグを買って殴る練習をしてみたり。学年どころか、学校でいちばん強くならなくてはいけないと思い、自分より二十センチも三十センチも背の高い怖そうな番長をどうしたら倒すことができるかを、得意の空想で、毎日のように考えていました。実際に、この頃から強さを身につけることができたと思います。

中学一年生のときに『ロッキー』という名作映画と出会いました。『ロッキー』のストーリーは、当時の自分のシチュエーションによく似ていました。三流扱いされている無名のボクサーがいて、賭けボクシングに出場してわずかな賞金を稼いでいた。あるとき、世界チャンピオンの対戦相手に指名されるチャンスを得て、世界戦のリングに上がることになる。誰もが一ラウンドでKOされて終わりだと思っていたら、彼は殴られても殴られても立ち上がり、結局、最終ラウンドまで立ち続ける――。この映画から学んだことは、どんな人間であろうと、どれだけ失敗しようと、最後までやり続けることが重要であり、そうすることでただの〝できそこない〟ではないと証明できるのだ、ということでした。小学生のときのバイブルが『どてらい男《やつ》』なら、中学生のときのバイブルは『ロッキー』です。自分の境遇に近いサクセスストーリーに心が動かされました。

――自分を演出し始める

映画とケンカの青春時代でしたが、中学三年生のときにはクラスの人気者になるべく、ラジオ番組をつくり始めました。自分がＤＪで、六十分の番組をカセットテープに録音し、クラスのみんなに聴いてもらっていたのです。当時、探偵もののドラマが流行《はや》っていたので、「探偵をやります」というチラシをつくり、学校の中で探偵の依頼を受けたこともありました。映画監督になりたいと思い始めたのもその頃です。おそらくそのあたりでエンターテインメント全般に興味が湧いたのでしょう。

不良相手にケンカばかりしていた私ですが、その一方で、女の子には自作のラジオ番組を聴かせたり、面白いことを言って笑わせたり、さまざまな自分を演出するようになっていきました。それらはきっと、それまで観てきたたくさんのドラマや映画が、自分の中でごちゃ混ぜになった結果かと思います。

高校は普通に受験したらどこにも受からないということで、名前を書くだけで入れる最底辺の高校に行きました。そういう高校でしたから、各中学校から勉強ができない、やんちゃな生徒ばかりが集まります。極端に言えば、生きるか死ぬかの〝野生の王国〟状態です。そこで生き残るべく、私は入学して一週間で、弱い者いじめをしている不良と戦って勝ち、停学になりました。その高校では、負けたらすべてが終わってしまいます。毎日が、王様になるか奴隷になるかの戦いの連続でした。

しかし、ケンカに明け暮れながらも将来への希望だけは誰よりも強くもっていました。アメリカに行って成功する、好きなことをやってお金を稼いで生きていく、そう信じて疑いませんでした。

面白いことに、その頃から欲しい車や住みたい家など、自分の夢を絵に描いて、机の前や枕元に貼っていました。よく自己啓発の本に「自分の夢を描いて枕元に貼りなさい」と書いてありますが、私は子どもの頃からそれを自然と実践していました。今、本当に夢が実現できているのだから、効果があるのかもしれません。毎日のように成功した未来を夢見ることは、宝くじを買うよりも、夢を叶《かな》える確率がずっと高いと思います。

そして高校一年生のとき、ケンカをしなくても済む、本来の自分にぴったりの学校以外の居場所を見つけたのです。

モルモン教の信者になる

これも映画の影響だったと思うのですが、私は小学校の高学年ぐらいから、寝る前に電気を消してひざまずき、神に祈る習慣がありました。朝五時からやっている、聖書の話をするラジオ番組も、早起きしてよく聴いていました。聖書を読み上げる声がなぜかとても心地よく感じたからです。心の準備はできていたのでしょう。ある日、アメリカ人宣教師に「あなたは神を信じますか」と声をかけられた瞬間に「信じます」と即答していました。そして、すぐにモルモン教徒になりました。

学校ではケンカばかりしていましたが、そもそもケンカは好きではありません。本当なら、映画やドラマを観ながら、ずっと空想に浸っていたい少年です。学校でも誰彼構わず戦っていたわけではなく、弱い者いじめをしたり、悪いことをしている不良ばかりを相手にしていました。だからきっと、無意識のうちに学校とは違う居場所を求めていたのだと思います。

モルモン教（末日聖徒イエス・キリスト教会）では大学を休学したアメリカ人学生が来日して、布教活動を行なっています。歳《とし》が近いのですぐに仲良くなり、高校時代は、宣教師たちと一緒に過ごす時間が長くなりました。彼らの伝道活動に付き合ったり、ご飯を一緒につくって食べたり。なにより楽しかったのは、教会で演劇をやったり、八ミリ映画をつくることでした。平日は学校で正義の鉄拳を振るい、日曜日は教会に行く。教会では、自分が本当にやりたいことや好きなことができたのです。教会に行くとホッとして、ようやく息をすることができるように感じていました。

私が初めてまともに読んだ本は、おそらく聖書です。また、モルモン教会ではビジネスマナーについても教えてくれます。そのおかげで、人と約束するときの手順、握手の仕方、話し方といった細かいビジネスマナーを高校生のときに学ぶことができました。

高校は一度留年し、二年生を二回やりました。いばり腐った威嚇《いかく》してくる先生を殴ってしまい、三十日間の停学になって、出席日数が足りなくなったことが原因でした。三年生になると、すぐに運転免許を取得しましたが、七歳年上の彼女に借りた車で通学していることがバレてしまい、とうとう退学に。しかも、その年上の彼女はモルモン教会の日曜学校の先生でした。モルモン教では婚姻前に男女関係をもつのは御法度《ごはっと》とされています。大問題となり、すぐに教会内で査問が行なわれて、破門になってしまいました。

高校は退学、大好きだった教会も破門。普通ならどん底の状況です。しかし私はむしろ「これはチャンスだ! これでアメリカに行ける!」と思いました。

今でもそうですが、人生は落ちたり上がったりの繰り返しです。しかし、その経験が人としての器を大きくしていると、その頃から感じていました。たとえ停学になったり退学になったりしても、大物になる人はたくさんいる。だから「退学になったということは、大物になる最初の一歩に違いない」と自己暗示をかけて、未来への希望すら抱いていました。

そこでまずは、アメリカに行くための資金を貯めようとアルバイトを始めることにしたのです。

初めての営業

高校を退学になった後、消火器の訪問販売をしている会社で十ヶ月ほどアルバイトをしました。会社が消火器を一本三千円で仕入れ、それを一万二千円で売って、営業マンは六千円もらえるという仕組みです。朝七時に集合し、複数のレンタカーに三、四人ずつ乗って担当する地域に散らばっていく。実際にやっているうちに「消火器を備えるのは義務ですよ！」と強引に売りつけていく、詐欺まがいの仕事だということがわかってきました。私は何も知らずに入社してしまい「とんでもないところに来た」と焦《あせ》りました。正義感が強いので強引な押し売りを黙って見過ごすことはできません。初日に、先輩が高齢の女性に消火器を売ったのですが、私は「忘れ物した！」と言って戻り「おばあちゃん、今日は半額にしとくから」と、持っていた現金をすべて置いていきました。

こんな仕事をやってはダメだと思いましたが、一刻も早くお金を貯めてアメリカに行きたい。そこで「ウソをつかないでちゃんと売ればいい」と発想を切り替えました。商品について勉強し、（怪しいが）保証がついていることも伝えて、納得した上で買ってもらうようにしたのです。そうしたら、多いときは一日に十本近くも売れるようになりました。私を指名して「もう一本持ってきて」と、その会社で初めての追加注文が入り、社員を驚かせたこともあります。怖そうな顔のスタッフが三十人ほどいましたが、その中でトップスリーの営業成績をおさめ、半年で百万円を貯めることができました。自分に営業の才能があることに気がついたのはこのときです。

そして一九八三年十二月、小学生の頃からの夢を実現する第一歩としてサンフランシスコまでの片道チケットを買い、渡米しました。十九歳になる一週間前のことでした。

夢は大きく！　スピルバーグの弟子になろう

渡米するにあたって決めていたことはただひとつ。「スティーヴン・スピルバーグの弟子になる」ということです。断っておきますが、弟子になるためのツテやアテがあったわけではありません。

教会で八ミリ映画をつくっていたので、映画監督になるイメージは自分の中で出来上がっていました。スピルバーグの映画『E.T.』は、何度も映画館で観たほど大好きで「いい映画監督になるには、スピルバーグの弟子になればいい」と単純に考えたわけです。アメリカに行って英語を習得し、スピルバーグの弟子になれば、日本に帰ってきたあと、映画監督として成功することができるだろうと。ただ、何のツテもアテもない私が当代きっての名監督に会えるとしたら、突拍子もないルートを見つけて入り込むしかないということは、さすがの私もわかっていました。

そこでいきなり、ハリウッドの映画スタジオに行きました。会う人会う人に、つたない英語で一生懸命「スピルバーグに会いたい」と伝えます。ところが、アメリカに行ったばかりですから発音もめちゃくちゃで通じず、まったく相手にしてもらえない。最初から、アメリカでの唯一の計画が頓挫《とんざ》してしまいました。

母親には「行くからには、成功するまで帰ってくるんじゃない」と送り出されていました。スピルバーグに会えなかったからといってすぐに帰るわけにはいきません。困って頼ったのが、伝道を終えてアメリカに戻っていたモルモン教の宣教師たちでした。幸い、彼らの連絡先を知っていたので、「実は今アメリカにいるんだ」と電話してみると、みんな喜んで、なにかと助けになってくれたのです。

――アメリカで生きていくために

ユタ州の州都ソルトレイクシティはモルモン教会が拓《ひら》いた町で、ユタ州の人口

渡米してすぐの頃の著者（右　1983年12月21日）

の六十八パーセントがモルモン教徒だと言われています。私は友人を頼って、ソルトレイクシティに小さなアパートを借りることになりました。英語がまったく話せないので、まずはコミュニティスクールに通い、一日二時間、英語の勉強です。ベトナム人、メキシコ人、ナバホ族、ヨーロッパから戦争で逃れてきた難民などと机を並べていました。昼間は日本食レストランで皿洗いやキャベツを切るアルバイトをやり、生活費を稼ぐ。

ある日のことです。その店の寿司職人が急にやめてしまい、困った日系二世のオーナーが「ミツオ、寿司は握れないのか」と訊いてきました。私はすぐさま「得意だよ!」と返しました。高校生の

ソルトレイクシティの宣教師にアルバイトとして日本語を教えていた頃（前列右端　1984年頃）

ときに回転寿司屋でアルバイトをしていたことがあり、握ることはできたからです。とはいえ当然、寿司職人のレベルには遠く及ばず、出汁巻《だしまき》玉子を焼いたり魚をおろしたりなどは一切できない。そこで日本にいる母親から送ってもらった寿司の本を見ながら、寿司ネタをつくる練習をして、即席の寿司職人になりました。

当時の寿司レストランは高級な店ばかりで、来るお客さんはお金持ちばかり。私はまったくの思いつきで、シャリを後ろから投げて前でキャッチしたり、踊りながら寿司を握ったりして、映画『カクテル』のトム・クルーズのように、寿司づくりのエンターテイナーを演じてみました。すると、時給三ドルなのに、百ドルのチップがもらえることも。

あるとき、当時、世界一のお金持ちと言われていたサウジアラビアの武器商人、アドナン・カショギ氏が店を訪れて私に訊きました。「君はいつから寿司マンになったの？」と。私は「うちは先祖代々、寿司屋です」と答えました（もちろんウソです）。しばらくして、カショギ氏の事務所から「フレンチレストランの一角で寿司バーをやるから、そこで働かないか」とスカウトされました。就労ビザを取ってやると言われ、喜んで申し出を受けました。

けれども行ってみたら、そこには私よりもずっと年上の、本物の寿司職人がいたのです。案の定、素人だということがすぐにばれ、早々にクビになりました。これればかりは自分のせいなので仕方ありません。一瞬とはいえセレブの世界を垣間見《かいまみ》ることができ、とてもいい経験をさせてもらったと思っています。

『ニューヨーク・ヨミウリ』の連載始まる

寿司バーをクビになったあと、私はソルトレイクシティからサンフランシスコに移りました。サンフランシスコには日本企業の駐在員がたくさん住んでいて、大きな日本人街もある。仕事はいくらでも見つかるだろうと思いました。予想通り、寿司レストランや旅行会社のカメラマン、日本人向けの土産物屋の客引きなど、いろいろなアルバイトをやりながら食いつなぐことができましたが、ここでも事件が。ある日、ユニオンスクエア公園に近い日本人向けの土産物屋のオーナーでもあるユダヤ人ギャングと口論になり、頭に銃を突きつけられたのです。このときは、極度の緊張状態の中で「人生終わった」と思いながら、必死で謝りました。

同じ頃、仕事が終わるとよく飲み歩いていて、日本人街のスナックで仙代《せんだい》さんという人と知り合いました。仙代さんはサンフランシスコでブックセンターやビデオショップを経営していた会社の社長です。何度か会って飲むうちに仲良くなり「お前、面白いからうちの店で働けよ」と言われて、ビデオショップの店長として働き始めました。

その仙代さんが、私をある人と引き合わせてくれました。アメリカで販売している読売新聞に挟み込まれていた地域版『ニューヨーク・ヨミウリ』を制作していた会社の社長、吉澤さんです。彼も私のことを面白がって「ニューヨークに来てうちで働かないか」と誘ってくれました。ところが吉澤さんは、「ただ来るだけではつまらないので何か面白いことをやろう」と言うのです。

ちょうどその年は、読売新聞の国際版がスタートした年でした。それまで、新聞は日本から空輸で運ばれていましたが、衛星を使ってデータを飛ばし、アメリカで印刷して販売することが可能になったのです。そのキャンペーンとして何かやったらどうかということになりました。

そのときに提案した企画が、ハワイとアラスカを除く全米四十八州をバイクに乗って旅をしながら、各州で活躍する日本人を毎回一人ずつ紹介していくというものでした。結果は採用。今だったら、素性もよくわからない若い男の企画を簡単に通すなんてことはありえません。大らかで寛容な時代だったと思います。

ただし吉澤さんからは、企画を実現するための条件が出されました。それは「スポンサーは自分で集めろ」というものでした。

私は、初めて企画書をつくり、その企画書を持って、たくさんの企業でプレゼンしました。その結果、バイクはホンダ、カメラはニコン、フィルムは富士フイルムなど、いくつかの企業が協賛してくれることになりました。

それほどの大手スポンサーがついたのは、私の力ではなく、新聞社というメディアの力です。そのとき渡された名刺には「読売新聞社」と、社名が入っていました。その名刺を見せるとみんな、突然来た若い男の話でもちゃんと聞いてくれる。新聞に載るとなれば、みんなが応援してくれて、スポンサーにもなってくれる。これは、夢を叶える魔法の名刺だと思いました。メディアの強さと肩書きをもつこと

＜カリフォルニア版は6，7面＞
The New York Yomiuri
第80号（週刊）©ニューヨーク読売プレス社 1987年
1987年 5月 14日 木曜日
5月16日 サンフランシスコ
大陸横断大爆走
バイクで全米疾走
日本青年2人 60日間の大ロマン
16日シスコ出発
ナゾ深まる酒井さん失跡
直前に日本に
このロス空港に車を残し足どりが途絶えた
日本人男性エイズで
シスコで3月、邦
OTSUBO REALTY

『ニューヨーク・ヨミウリ』の記事（1987年5月14日付）

の大切さを知ったのはこのときです。

　この企画は実現し、三ヶ月間にわたって連載されました。フリーランスの編集者と私がコンビとなり、執筆と撮影は編集者が担当し、企画や営業、バイクの運転とインタビューは、私が担当しました。一二〇〇ccのホンダ・ゴールドウイングに二人乗りして、地球一周に迫る三万五千キロを走破。一日あたり三十五ドルが取材経費として支給され、一週間のうち二、三日はテントで野宿し、あとは安いモーテルに泊まって、節約しながら旅を続けました。お会いした方の中には、レストラン王のロッキー青木さんやカジノ王の安田銀次さんなどがいます。アメリカじゅうを旅して大陸の壮

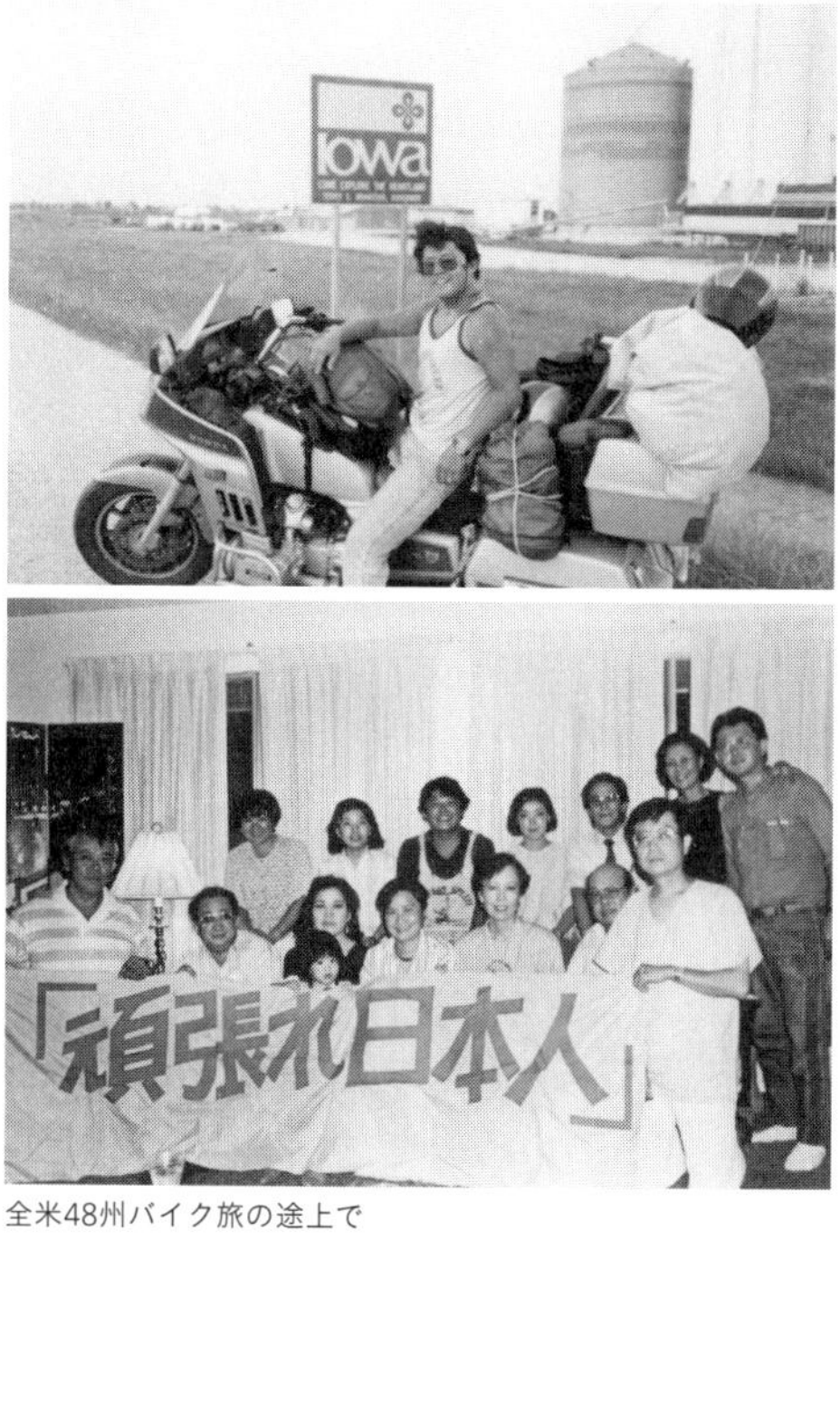

全米48州バイク旅の途上で

大な風景を堪能《たんのう》し、著名な人たちの話が聞けて、しかもお金までもらえる。こんなに最高の仕事はないと心から思いました。

なお、この企画は日本のテレビ番組「ズームイン!!朝!」でも取材され、生放送でアナウンサーの徳光和夫さんとも話しました。日本人初の全米四十八州バイクの旅は大成功に終わったのです。

――また旅がしたい

楽しかった連載が終わると、今度は『ニューヨーク・ヨミウリ』の広告営業として働くことになりました。最初の数ヶ月は広告料を支払わない会社やレストランに行き、借金取りのようなことをやりました。これも私は得意でした。その後、本格的に広告営業を開始。広告営業では、いかにして高額な広告を獲得するかが重要です。私は、高級店が並ぶニューヨークの五番街に狙いを定め、営業に行きました。当時の高級店は六割から七割のお客さんが日本人観光客です。少し前にあった、日本での中国人による〝爆買い〟のように、高度経済成長によって日本人に海外旅行を楽しむ余力が生まれ、同じように爆買いしていた時代でした。

だからぜひ日本の新聞に広告を載せませんか、載せたらお客さんがたくさん来てくれますよ、とつたない英語で営業をかけたのです。一社決まると今度は「お隣の○○さんも載せました」といって売り込む。これには、消火器の訪問販売をやったときの営業経験が役に立ちました。何百万円もする広告を獲得できたことで、私の評価は高まりました。

ある日、日本から広告代理店の社長がやって来て、「優秀な営業マンを雇いたいのだが、なかなか見つからない」という話をしていました。すると、『ニューヨーク・ヨミウリ』の制作会社の副社長が「彼は優秀な営業マンだよ」と私のことを推薦したのです。その結果、旅費もアパートもすべて用意するから、日本に帰ってきて、その会社で働いてくれないかと誘われました。しかも、まだ二十二、三歳の私と月四十万円で契約するというのです。その頃の大学卒初任給が十五万円くらいですから、これは破格の待遇でした。

アメリカに行ってから三年半が経過し、不法就労の緊張ある生活にも少し疲れていたのかもしれません。また、映画監督になるという夢は薄れていました。そろそろ日本に戻りたいという気持ちもあって、その申し出を受け、帰国することにしたのです。仕事が面白くなっていたタイミングでもあり、営業に対する自信もあったので、帰国しても十分やっていけるだろうと思いました。

その広告代理店には一年ほど勤め、その後、何社か転職しました。ただその間も「成功者になる」という夢を完全には捨てていません。新しい冒険への興味は尽きず、常に「成功者になるには？」と考え続けている自分がいました。

職を転々としながら、自分は何がしたいのだろうと思い悩んでいるとき、真っ先に思い浮かんでくるのは、『ニューヨーク・ヨミウリ』での旅の連載のことでした。あの経験は、やはり自分の中ですごく大きかったのです。

その頃ちょうど中国の西安とイタリアのローマを結ぶ交易路「シルクロード」が注目を集めていました。それもあって、ＮＨＫの番組『シルクロード』を観ながら、いつか絶対シルクロードに行こうという空想が募り、西安からローマまで、馬とヤクとラクダを乗り継いで旅をする企画を思いつきました。「これはやりがいもあるし、絶対に面白くなる」と確信し、テレビ朝日の「ニュースステーション」を担当している制作会社を調べ、企画を持ち込みました。その頃、番組の中に旅関連のコーナーがあったからです。突然電話をかけてアポをとったのですが、『ニューヨーク・ヨミウリ』の連載の実績があったおかげか、すぐに信用してもらえました。思ったとおり「これは面白い！」という話になり、具体的な計画を立てることになりました。

また旅ができる！　そう思うと私の心は躍りました。ところが、着々と準備を進めていた矢先、アフガニスタンで内戦が勃発。ディレクターから「たひらくんごめん。危険すぎて行かせられない」と言われ、あえなくこの企画はボツになってしまいました。

しかし、一度行きたいと思うとどうしても行きたくなってしまうのが私です。それならば、アメリカに行ったときと同じように働いてお金を貯め、自力で行けばいい。そこで、どうしたら少しでも早くお金が貯まるかを考え、現金日払いの建築現場で働くことにしました。

そしてこの選択が、私の人生を大きく変えることになるのです。

――人材派遣会社を創業

今も経営している「株式会社カイクラフト」、その前身となる人材派遣会社を起業したのは一九九〇年、二十五歳のときでした。きっかけとなったのが、先述したシルクロード行きのために始めた建築現場でのアルバイトです。

手っ取り早く稼ごうと思い、見つけたのがこの仕事です。肉体労働のきつい仕事でしたが、一日現場に入ると日当で二万円。こんなに儲かるのだからすぐにお金が貯まり、シルクロードにも近いうちに行けるだろうと思いました。

しかし、またしても事件が起こりました。働き始めて三ヶ月で、会社の社長がお金を持って逃げてしまったのです。給料は未払いとなり、作業員は不満を爆発させる。私が入っていた現場も工事が進められず、現場監督が困っている。そこで私は「この仕事、私にやらせてください！」と交渉し、機械を借りて、四、五人の作業員を集め、仕事を請け負うことになりました。

バブルの頃ですから、建築現場の仕事はいくらでもありました。つまり人がいればいるだけ、仕事が受けられる。それを知り、とにかく人をたくさん集めようと、営業の経験とメディアでの企画の経験を活かして求人広告をつくりました。

当時は山手線《やまのてせん》の高田馬場駅に、いわゆる〝寄せ場〟がありました。早朝の改札に日雇い労働者が集まっていて、仕事が決まると車で現場に連れていかれる仕組みです。ということは、高田馬場駅に行けば働きたい人がたくさんいる。ただし改札の外で仕切っているのはほとんどがヤクザで、下手なことはできない。そこでホーム上でそれらしい人に声をかけ、隣の駅に行ってもらってから車に乗せて移動しました。ほどなく人がたくさん集まるようになり、仕事が増えたので、祖母から五十万円借りて会社を立ち上げたのです。

それが、今の会社の原点です。まもなく、会社の規模が大きくなりどんどん忙しくなったので、結果的にシルクロードの旅どころではなくなってしまいました。

――人生最大のピンチ

少々時間が前後しますが、映画祭とは直接関係がないことなので、先に書いておきます。私は二十九歳のとき、一度、会社を乗っ取られています。忘れもしない、阪神・淡路大震災と同じ一九九五年一月十七日の朝のことでした。スタッフから連絡があり、「会社に来たらパソコンも電話も、何もかもなくなっている」と言われたのです。びっくりしてすぐに調べたら、社長は私のはずなのに、法律上では、私は会社をクビになっていました。

少し前のことです。会社の経営はすごく順調でしたが銀行がなかなか融資をしてくれなかったため、知人の紹介で、A氏から一千万円を借りることになりました。ところがしばらくしてその人が、自分を社長にしてほしいと言い始めました。さすがにそれはできませんと断ると、それまで感じの良かった人が、突然〝怖いおじさま〟に変貌《へんぼう》、「そっちがその気なら、俺のブレーンに相談して対応する」と半分脅しのようなことを言って去っていったのです。

そのときはなんとかやりすごしたのですが、乗っ取られる一ヶ月前、今度は「一千万円も出しているのだから、せめて代表権をくれ」と言われ、A氏を代表取締役専務に、私は代表取締役社長ということにしました。ところが、代表権があれば銀行とも取引ができるし、なんでも自由にできる。私は経営者のくせにそんなことも知りませんでした。そしてまもなく乗っ取りにあい、A氏が社長になったという通達が、すべての取引先になされたのです。社員もA氏にもっていかれ、私の元には数人のスタッフが残ったのみ。一夜にしてすべてを失ってしまいました。

すぐに知り合いに相談して、弁護士を紹介してもらったのですが、その方が、とても有能な〝おじいちゃん弁護士〟でした。騙《だま》されたふりをして逆転する筋書きを考えてくれたのです。会社を乗っ取られたその日のうちに新たな会社をつくり、「あなたの言うことを何でも聞きます」と言いながら、裏では奪われた取引先の会社を全部回って頭を下げ、新しく立ち上げた会社と契約し直してほしいとお願いしたのです。取引先も事情をよくわかっていて、ほとんどの会社が応じてくれました。事務所の大家さんにも、こういう事情があるので契約書を変更してほしいと頼むと、すぐに対応してくれました。

そうなると、A氏が乗っ取った会社は仕事がほとんどありません。一年ほどで潰《つぶ》れてしまいました。そのおじいちゃんの敏腕弁護士がものすごく優秀だったおかげで、ギリギリのところでなんとか救われたのです。そのときつくった新しい会社が、今も続いているカイクラフトです。

おじいちゃん弁護士には「お前は隙《すき》がありすぎる。もっとちゃんと人を見ろ！」とものすごく怒られました。無謀なことをたくさんやってきましたし、人懐っこくて、騙されることもたくさんあった。しかし、これらの経験が私を成長させてくれたのだとも思います。

中山秀征

十二、三年前になるかと思いますが、最初は戸田恵子さんから、映画好きな人が集まって手づくりでやっている映画祭がある、世界各国のいい映画を上映しているので、子どもたちにとにかく観てほしいのだとお話を伺いました。それは面白そうだなと、たひらさんを紹介していただいたら、たひらさんはこんな映画もあるんです、あんな映画もあるんです、この作品をぜひ観てほしいんですと、沸騰《ふっとう》しきった状態で話し続けるんですね。こんなに映画が好きな人は、ほかにいないのではないかと思いました。

当時は、プロが制作しているイベントのようにはうまくいかず、僕らゲストも、できることは自分たちでやろうというふうに、自然となっていきました。予定ではそろそろステージに出るはずだけど、誰も呼びにこないから自主的に舞台袖にスタンバイしておこうとか、マイクがないのだけれども「とりあえず出てみよう」と判断して出たりとか（笑）。キネコではそういうことを、みんなが面白がってやっていました。僕は十五歳でデビューして、ずっとプロとして仕事をしてきました。プロは、ダメなら呼ばれなくなるだけの厳しい世界です。だから、やり遂げることを大切に、ただ一生懸命やって最後はみんなで泣くという経験は、あまりなかった。青春ってこんな感じなのかなと想像しました。そして、自分も仲間としてそれに参加しているようで楽しかったのです。

加えてその頃は、子どもが生まれて、子どもの目線でものを見て、考えるようになったタイミングでもありました。それが、映画祭に関わり始めた時期と重なった。親としてもすごくいい経験をさせてもらったし、考えさせられたことは多かったように思います。

これからも、僕たちタレントは、キネコ国際映画祭をたくさんの人に知ってもらえるようPRの部分をしっかり担っていきたいと思います。そのかわり、たひらさんには一年でも長く続けていってほしい。子どものときにわざわざ観に行った映画って、その日の天気だったり食べたものだったり、行きの道すがらにあった出来事だったり、そういうことも一緒に覚えていたりしませんか。人生の中のほんの一瞬だけれども、生涯心に残る「あの日」になる。キネコには、そんな映画祭になってほしいと願っています。

それと、キネコファミリーで映画をつくってみたいですね。毎年ひとりずつでもいいから、監督になってショートフィルムを制作し、映画祭で上映する。そんなことができたら面白いなと。音声はライブシネマで入れてもいいですしね！

（談）

（なかやま・ひでゆき　キネコ国際映画祭プログラミング・ディレクター）

第二章

日本初の子ども映画祭という挑戦

——子ども映画祭をやったら？

私は、高校生のときに教会で八ミリ映画をつくり、映画を撮る面白さを知りました。その後、スティーヴン・スピルバーグの弟子になろうと思い、アメリカに渡ったわけですが、その前にも、ある映画監督の弟子になろうとしたことがありました。

それが京都出身のユリ・ヨシムラ＝ガニオンさんと、ユリさんの夫でカナダ人のクロード・ガニオンさんです。ガニオン夫妻が初めてつくった映画『Keiko』（一九七九年）は、日本映画監督協会新人賞をとって話題になりました。そして高校二年生のとき、ユリさんがテレビに出演しているのを見て、日本にこんな映画監督がいるのかと驚き、すぐさま「この人の弟子になろう」と決めたのです。早速テレビ局や新聞社に問い合わせ、ユリさんの電話番号を教えてもらい、連絡を取りました。

電話で話をしたあと、私はバイクに乗って愛知から京都まで彼女に会いに行きました。弟子にしてほしいとお願いするためです。このときは「英語が喋《しゃべ》れるようになって、車の免許が取れたらもう一回来なさい」とやんわり断られてしまいました。けれども、なぜか私は「このつながりを大事にしよう」と思い、その後も、一年に一回は必ず手紙を書き、会いに行ったりもしていたのです。

アメリカから帰ってきて二十五歳で会社を起業したとき、報告をかねて久しぶりにユリさんにお目にかかることになりました。このときユリさんご夫妻は『ケニー』（一九八七年）という、スケートボードに乗る下半身のない男の子の映画を撮って、ベルリン国際映画祭の児童映画部門〈キンダー・フィルムフェスト・ベルリン〉でユネスコ賞、モントリオール世界映画祭でグランプリを受賞したあとでした。それもあったのだと思いますが、ユリさんがふと「あなた、子ども映画祭をやればいいのに」と言ったのです。

映画祭をやるなんて、それまで一度も考えたことがありませんでした。しかし、大好きな映画に関係する仕事です。実現できたらいいなぁと思い、「もし何かあったら、そのときはぜひ呼んでください」と伝えました。

とはいえ、あくまでも雑談の中での話です。本当に何かがあると思っていたわけではなく、そんな話があったことも忘れかけていました。ところが一年後、ユリさんから突然呼び出され、あるプロデューサーとディレクターを紹介されたのです。そして「この三人で子ども映画祭をやったら？」と提案されました。あの話は本気だったのかと驚きましたが、とにかく映画の仕事ができることが嬉しくてなりません。そこで、その話に乗ることにしたのです。

第一回のお客さんはたったの五人

当時、日本に国際子ども映画祭はひとつもありませんでした。日本初となれば注目されるし、子どもたちのための映画祭と聞けば、スポンサーもたくさんつくはず。これはビジネスとして成立するし、絶対に成功するに違いない。立ち上げメンバーの三人は、そう話して大いに盛り上がりました。

会場は渋谷にあった「東京都児童会館」（二〇一二年、閉館）に決まりました。大きな会場でしたが、なにしろ日本初の国際子ども映画祭です。しっかり宣伝をすれば、そのぐらいは簡単に埋まるものだと思っていました。プロデューサーは「日本初」を前面に打ち出し、ドイツの〈キンダー・フィルムフェスト・ベルリン〉に協力を依頼。ネーミングも〈キンダー・フィルムフェスト・ジャパン〉とし、著名な子ども映画祭の流れを汲《く》んだ映画祭であることをアピールする。ベルリンのフェスティバル・ディレクターや上映する映画の監督を海外からも招待し、華やかな幕開けになるだろうと、準備は万端でした。

しかし、そんな楽観的な予測は早々に打ち砕かれます。座席数が六百五十席の会場に、入ったお客さんは、たったの五人だったのです。しかも五人のうちの何人かは、呆《あき》れたのか面白くなかったのか、上映の途中で帰ってしまった。残っていたお客さんも、楽しんでいるというよりは帰るに帰れなかっただけのような気がします。トップにいたプロデューサーは「こんなはずじゃなかった」と呆然《ぼうぜん》とし、三年目が終わると早々に見切りをつけて辞めていきました。

最初ということで、宣伝が足りなかったり、見通しが甘かったり、反省すべき点はいくつも考えられました。だから、これが一年目だけだったらまだわかるのです。ところが、メイン会場を青山の「こどもの城」（二〇一五年、閉館）に移し、多少なりとも改善したり工夫したりしたはずの二年目も三年目も、この状況が続きました。

ある有名ホテルがスポンサーになってくれたときのことです。五百万円という多額の協賛金に加え、ホテルの中に五百席の会場までつくって提供してくれました。ところが当日は、盛り上がること請け合いと言った私の言葉も虚《むな》しく、見事にガラガラ。終わった途端に担当者が飛んできて「俺、クビになるよ」と頭を抱えていました。最後には頭を丸めて謝罪しましたが、ウソつきのレッテルを貼られて終わりました。

映画祭での私の主な役割は、営業経験を活かして、たくさんのスポンサーを獲得してくることです。企業を訪問しては、この映画祭がいかにすばらしいかを伝え、企業は、そんな私の言葉を信じて協賛を決定してくれる。それなのに、応援してくれたスポンサーをがっかりさせ、担当者には迷惑をかけてしまう。心から申し訳なく、終わったあとは合わせる顔がありませんでした。

念願の映画の仕事だったはずなのに、ちっともうまくいかない。毎年、閑散とした会場を見るたびに、スポンサーに対する申し訳なさと失敗続きのつらさだけがどんどん募っていきます。いったいどうしたらいいのか、自分でもわかりませんでした。

――海外の子ども映画祭に衝撃を受ける

もちろんその間、何もしていなかったわけではありません。三回目の惨状とプロデューサーの離脱を受けて、一九九四年には海外の子ども映画祭がどんなものか見てこようと〈キンダー・フィルムフェスト・ベルリン〉を見学に行きました。

行ってみて衝撃を受けました。そこには、私が頭の中で思い描いていた理想の子ども映画祭の光景が広がっていたからです。千人以上入る大きな会場にもかかわらず、みんなが競うように当日券を購入している。子どもたちは夢中で映画を観ているし、上映後は、登壇した映画監督に次から次へと質問を投げかけている。もちろん、上映されている映画はどれもすばらしいものばかり。私には、会場全体が輝いて見えました。

それを見たときに「絶対にこれをつくろう！」と声に出して言いました。人生でもっとも強く決意した瞬間です。日本ではまだ誰もやっていない、もし自分がこれをつくれたらすごいことになるに違いない。それにはお金もたくさん集めないといけないと、営業の血も騒ぎました。なぜか私には、自分でつくれる自信があったのです。

子ども映画祭は本来こんなにすてきなイベントなのだ、そして、海外ではそれはもう実現できているのだと知ったことで、私の映画祭に対する意識は大きく変わりました。

三年目までは自分の仕事は営業だからと、協賛金をいかにたくさん集めるかと

第1回（1992年）の広報用タブロイド紙より

いうことばかりを考えていました。しかし、いくらお金があっても、それだけではこれほどすばらしい映画祭にはならないと痛感したのです。私は、すばらしい映画祭にするために、どうやったらお客さんに楽しんでもらえるのか、どうすれば子どもたちが最後まで飽きずに映画を観られるのかを真剣に考えるようになりました。

なぜお客さんが増えないのかについてはさまざまな要因があったと思いますが、いちばんの問題はプログラムにあるのではないかと感じていました。当時の文部省推薦といった教育系のお堅い作品が多く、子どもが見るには内容が難しいものが多い傾向があったのです。それゆえせ

第4回（1995年）に参加した子どもたち

っかく映画祭に来ても、途中で子どもたちが飽きて、最後まで観ずに帰ってしまう。いい映画祭をつくりあげるためには、いくつもの要素を同時に満たす必要があります。子どもたちを楽しませないといけないし、動員数を増やさないといけないし、スポンサーにも喜んでもらわないといけない。つまりたくさんのことを同時に考えて企画していかなければならないのだけれども、何かひとつの要素に偏《かたよ》ってしまうと内容が独《ひと》りよがりになって、つまらなくなる。初期の私たちの映画祭は、その典型でした。いくらいい映画がラインナップされていても、子どもが喜んで「また来たい！」と言わなければ、親は二度と連れて来てはくれません。子どもが面白がらなければ観に来ない、という視点が決定的に欠けていました。

とはいっても、最初の二年間は、私はただのアシスタントで何の権限もありませんでした。そして三年目、とうとう我慢できず、ディレクターに直談判《じかだんぱん》しました。今のような映画ばかりをセレクトしていたら、映画祭は絶対に続かない。いくら協賛金を集めても、スポンサーは怒ってすぐに離れていってしまう。もっと子どもたちが喜ぶ定番の映画も上映しましょうと訴えたのです。それからは、私も映画のセレクトについて意見できることになりましたが、業界では名の知れたディレクターに、映画業界を知らない若い私が意見するわけですから、面白くなかったと思います。その頃から私とディレクターは、頻繁に衝突するようになっていきました。

――映画『テディとアニー』に出会う

それでも第五回プレフェスティバル（一九九六年）からは、企画も作品集めも営業も宣伝も、全部の仕事に関わることができるようになりました。

先にも書いたように、私は一九九五年の阪神・淡路大震災が起きた日に会社を乗っ取られました。そこからなんとか立ち直ろうと必死だったので、正直、映画祭どころではなかったのですが、意地もあったのだと思います。その年の夏の第四回はなんとか開催にこぎ着けることができました。

ただ第四回が終わった時点では、翌年に第五回を開催する余力はないと感じ、〝プレフェスティバル〟として、規模を縮小した形での開催を模索しました。それでも私はディレクターとして、〈キンダー・フィルムフェスト・ベルリン〉に向かいました。プレフェスティバルで上映する映画を見つけるためです。そこで、一本の映画との幸運な出会いがありました。今も毎年上映しているアニメ映画『テディとアニー』（当初のタイトルは『アニーと

キネコの運命を変えた作品『テディとアニー』

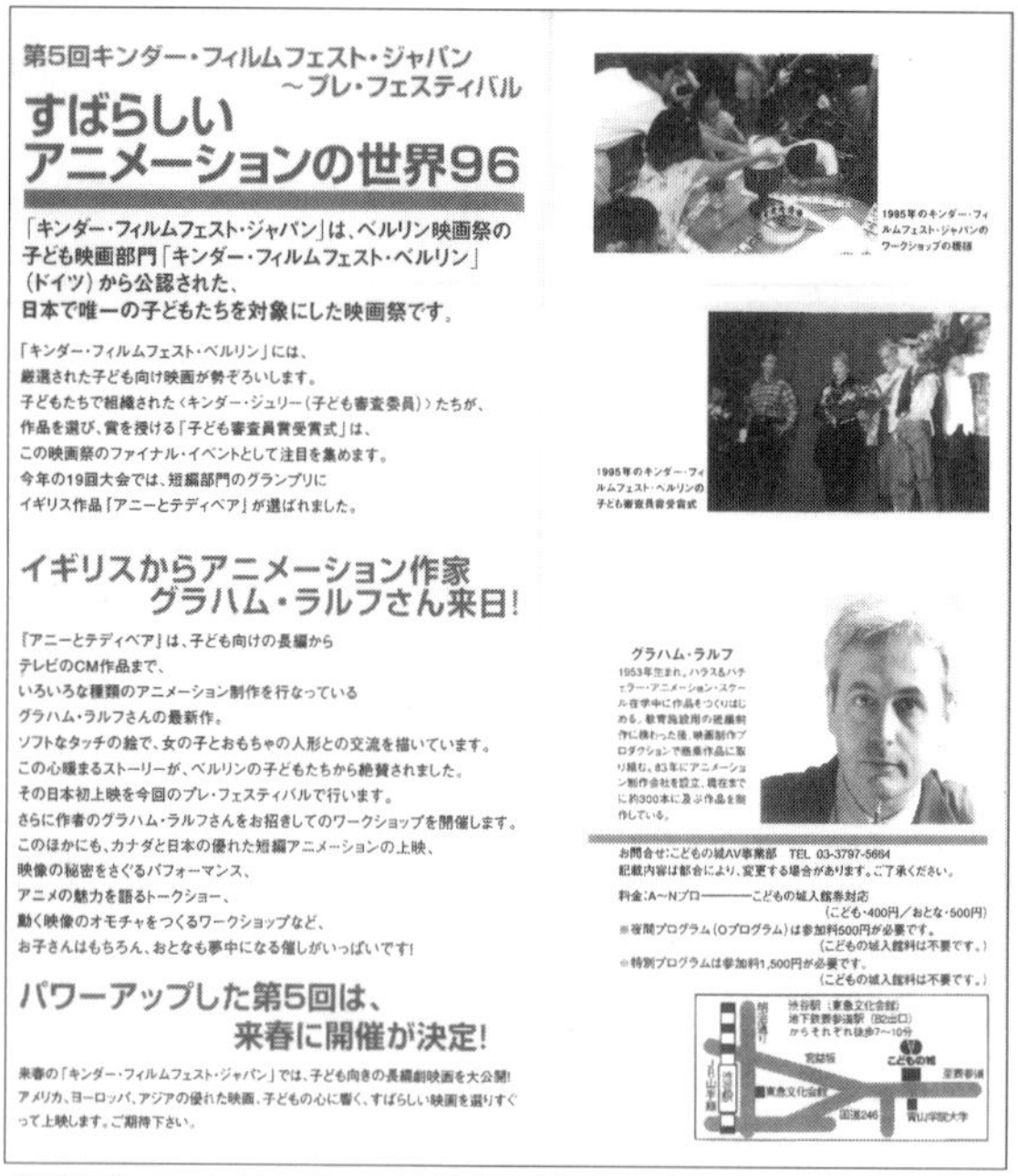

第5回キンダー・フィルムフェスト・ジャパン
〜プレ・フェスティバル

すばらしい
アニメーションの世界96

「キンダー・フィルムフェスト・ジャパン」は、ベルリン映画祭の
子ども映画部門「キンダー・フィルムフェスト・ベルリン」
（ドイツ）から公認された、
日本で唯一の子どもたちを対象にした映画祭です。

「キンダー・フィルムフェスト・ベルリン」には、
厳選された子ども向け映画が勢ぞろいします。
子どもたちで組織された〈キンダー・ジュリー（子ども審査委員）〉たちが、
作品を選び、賞を授ける「子ども審査員賞受賞式」は、
この映画祭のファイナル・イベントとして注目を集めます。
今年の19回大会では、短編部門のグランプリに
イギリス作品「アニーとテディベア」が選ばれました。

イギリスからアニメーション作家
グラハム・ラルフさん来日！

「アニーとテディベア」は、子ども向けの長編から
テレビのCM作品まで、
いろいろな種類のアニメーション制作を行なっている
グラハム・ラルフさんの最新作。
ソフトなタッチの絵で、女の子とおもちゃの人形との交流を描いています。
この心暖まるストーリーが、ベルリンの子どもたちから絶賛されました。
その日本初上映を今回のプレ・フェスティバルで行います。
さらに作者のグラハム・ラルフさんをお招きしてのワークショップを開催します。
このほかにも、カナダと日本の優れた短編アニメーションの上映、
映像の秘密をさぐるパフォーマンス、
アニメの魅力を語るトークショー、
動く映像のオモチャをつくるワークショップなど、
お子さんはもちろん、おとなも夢中になる催しがいっぱいです！

パワーアップした第5回は、
来春に開催が決定！

来春の「キンダー・フィルムフェスト・ジャパン」では、子ども向きの長編劇映画を大公開！
アメリカ、ヨーロッパ、アジアの優れた映画、子どもの心に響く、すばらしい映画を選りすぐって上映します。ご期待下さい。

1995年のキンダー・フィルムフェスト・ジャパンのワークショップの模様

1995年のキンダー・フィルムフェスト・ベルリンの子ども審査員賞受賞式

グラハム・ラルフ
1953年生まれ。ハウス&バチェラー・アニメーション・スクール在学中に作品をつくりはじめる。教育施設用の短編制作に携わった後、映画制作プロダクションで商業作品に取り組む。83年にアニメーション制作会社を設立。現在までに約300本に及ぶ作品を制作している。

お問合せ：こどもの城AV事業部　TEL. 03-3797-5664
記載内容は都合により、変更する場合があります。ご了承ください。

料金：A〜Nプロ――――こどもの城入館券対応
（こども・400円／おとな・500円）
※夜間プログラム（Oプログラム）は参加料500円が必要です。
（こどもの城入館料は不要です。）
※特別プログラムは参加料1,500円が必要です。
（こどもの城入館料は不要です。）

第5回プレフェスティバル（1996年）の広報用タブロイド紙より

テディベア』）です。

持ち主の子どもに捨てられてしまったクマのぬいぐるみのテディと、おさげ髪の人形アニーがゴミ箱で出会う。ふたりは、ゴミ収集車の中でつぶされそうになるところを間一髪で逃げ出し、自分たちを大切にしてくれる子どもを探すために冒険の旅に出る。ハラハラドキドキする展開を、息を呑《の》んで見守っていると、最後には子どもも大人も感動する結末が待っているのです。絵も音楽もストーリーもすばらしく、優しさや温かさ、愛情など、生きていく上で大切なメッセージがたくさん詰まっている。この映画を観た瞬間、映画祭に必要なのは「これだ！」と思いました。

私は、舞台挨拶が終わるとすぐにステージへ駆け寄り、監督のグラハム・ラルフさんに「この映画を日本で上映させてほしい」とつたない英語で一生懸命訴えました。そして『テディとアニー』は、その夏の映画祭、第五回プレフェスティバルで上映できることになりました。〝プレフェスティバル〟としたものの、結局、それまでの映画祭と規模はそれほど変わらず、『テディとアニー』の監督、グラハム・ラルフさんの来日も実現しました。幸運な映画との出会いが、私を突き動かしたのです。

心から子どもたちに観てもらいたいと思えた映画が上映できる。これだけでも、私にとっては大きな前進です。そして、そう決まった瞬間から、ただ上映するだけではもったいない、この映画の良さが最大限に伝えられるいい方法はないだろうかと考え始めました。

――キネコ名物「ライブシネマ」誕生

映画祭で上映する映画には、海外の映画がたくさんあります。英語、ドイツ語、スペイン語、韓国語など、使用されている言語は多種多様です。もちろん、日本語字幕や吹き替えがついている映画はまずありません。

海外の子ども映画祭では、客席の後ろにマイクを一本立て、台本を淡々と読んでいく手法が採用されています。読んでいくだけでは聞き取りづらく、盛り上がりに欠けますが、映像というのは、言葉がわからなくても意味さえわかればなんとなく楽しめてしまうものなので、そのやり方が主流となっていました。

それに対して〈キンダー・フィルムフェスト・ジャパン〉では、スタッフが、子どもたちと一緒に映画を観ながら、読み聞かせのように朗読する形をとっていました。台本をただ読み上げるよりはよかったように思いますが、それでも吹き替えほどの臨場感はなく、その映画の魅力が完全には伝わりません。

そこで「声優を使って、吹き替えをライブでやるのはどうだろう」と閃《ひらめ》きました。映画を上映しながら、その場でアテレコしてもらうのです。これなら予算もそれほどかからないし、子どもたちも喜んでくれるに違いない。なにより、そんなことをやっている映画祭は、私の知る限り、世界じゅうのどこにもありませんでした。実現したら、話題になることは確実です。

知り合いに声優のキャスティング・ディレクターがいたので、早速このアイデアを話してみました。すると「面白い！　ぜひ協力させてほしい」と言って、声優を二人紹介してくれました。それならばと、実験的に第五回プレフェスティバルで『テディとアニー』を生吹き替えしてもらうことにしたのです。

当日、私は「こどもの城」じゅうを駆け回りました。こどもの城は、映画祭と関係なく遊びにくる家族もたくさんいる施設です。世界初の「映画の生吹き替え」を成功させるため、どうにかして客席を埋めようと、通りがかりの子どもたちに「アニメ始まるよ！　声優さんも出るよ！」と声をかけ、どんどん中に入ってもらいました。

実際のところ、その面白さは想像以上でした。プロの声優さんが映像にセリフを合わせてくれるから、通常の上映以上の臨場感に溢れています。大人でも鳥肌が立つほどです。しかも、それをスクリーンの横に立って演じていることが客席からよく見えるので、映画の裏側を覗《のぞ》いているようでワクワクする。つまらなそうにしている子どもは一人もいません。小さな子どもたちがスクリーンに釘付《くぎづ》けになり、目をキラキラさせながら泣いたり笑ったりしている。私は、これは今後、映画祭の目玉企画になっていくと確信しました。キネコ国際映画祭名物「ライブシネマ」の誕生です。

その後、さらに内容を充実させるべく、国内の大きな声優学校四校に声をかけ、生徒たちの勉強になるからと、各学校に一本ずつ長編映画の生吹き替えをお願いしました。映画によっては二十名以上の生徒が出演することになり、思わぬ効果として、生徒の家族や友人など、関係者がたくさん観に来てくれるようになりました。学生に実践の場を提供しつつ、来場者数が増え、お客さんは映画を楽しむことができる。我ながら、三方よしのいいアイデアだったと思います。

――やむにやまれず始めた体験型映画祭

こうして企画が充実していく一方で、資金的には苦しい日々が続いていました。いくら営業が得意だといっても、そう簡単にたくさんのスポンサーが集められるわけではありません。お金がないからこそ工夫せざるをえなくなり、その中から、独自の取り組みが生まれていきました。

こどもの城の円形劇場は本格的な劇場です。施設には照明や音響の専属スタッフが在籍していますが、主催者側から、別途、プロの技術スタッフを二人手配するように言われていました。もし手配せず、劇場側に完全に頼るのであれば、それなりのギャラを支払わなければならない。しかし当時の予算は三百万円から五百万円ほど。技術スタッフを雇う余裕も、劇場に支払うお金もまったくありません。その状態で、円形劇場でイベントをやるにはどうしたらいいかと考え、ある〝秘策〟を編み出しました。

私は、夏休みの映画祭技術ボランティア・ワークショップということで、音響をやりたい人、照明をやりたい人、映写をやりたい人など、小学生を数人集めました。そして、青山劇場の技術担当者に子どもたちを紹介し、スタッフということで参加させたのです。担当者は絶句していましたが、私は子どもたちに「きっといい体験ができるよ」と笑いかけ、何か言われる前にそそくさとその場を去りました。

当たり前ですが、あとで劇場からものすごく怒られました。しかし、当時の予算規模と人員では、怒られても嫌がられても、そう言い張るしかなかったのです。ところが中には、子どもたちとの交流が楽しかったというスタッフもいたようで、翌年以降もこの体験ワークショップを続けてくれました。結果的に子どもたちにとっては、実際の劇場でプロの技術者から教わって本番も味わえる、非常にいい経験になったと思います。余談ですが、上映終了後にMCが登場しても照明が点《つ》かないこともありました。きっと子ども照明担当者が居眠りしていたんですね。

私自身、子どもたちが映画祭の制作側にもいることは、とても大切なことだと実感するようになりました。一緒につくりあげていくことで、本当の意味で子どもが主役の映画祭が実現できるように思えたからです。それからは、子どもジャーナリストや子どもMCなど、さまざまな形で子どもたちが主体的に映画祭に参加できる機会をつくっていきました。

子どもたちに楽しい時間と心に残る体験を提供する。最初は、やむにやまれず始めた参加型スタイルでしたが、今ではそれは、子どもたちの映画祭として重要な役割をになっていると思っています。

――グランプリを決めるのは「子ども審査員（キネコ審査員）」

このほか、参加型の取り組みとして実施しているものに、「子ども審査員」があります。

子ども審査員は、世界じゅうの子ども映画祭には大抵導入されている制度で、キネコでも初期の頃から実施してきました。
対象は小学三年生から六年生。子ども新聞や東急が発行しているフリーペーパー、SNSなどを利用して募集をかけ、選ばれた十人ほどの子ども審査員が、その年の上映作品の中から、長編・短編それぞれのグランプリを決定します。グランプリ作品は、ドイツの〈シュリンゲル子ども国際映画祭〉（私の親友、ミヒャエル・ハーバウアーが主催する映画祭）で必ず招待上映され、さらに、世界各国の子ども映

こどもたちが決める優秀映画賞
Films for Children
Best Vision Award

ひとりでも多くの子どもたちに、
映画のおもしろさ、すばらしさを
"体験"してほしい…。
そして映画について考え、
みんなで話し合おう…
こんなチャンスを増やすために、
キンダー・フィルムフェスト・
ジャパンは活動しています。

第4回キンダー・フィルムフェスト・ジャパンのこども審査員たち

第7回キンダー・フィルムフェスト・ジャパンのこども審査員

白岩まりあ（小6）　白岩ひおな（小3）　小林宋嗣（小6）　屋久佑輔（小6）　内田早紀（小3）　道垣内美保（小5）
中村真梨花（小6）　瀬田祥平（小3）　田畑茉莉奈（小4）　田畑依梨佳（小4）　千葉泰範（小5）　田村珠里（小2）
鄭雅心（小3）　日比野里紅（小4）　瓜生千尋（小6）　前田望（小3）　小島奏子（小4）

22年間続いているベルリンの「キンダー・フィルムフェスト」では、子ども審査員たちが作品評を掲載したデイリーをつくり、毎日、会場の入口で売っています。お金を取るのは、かれらが、自分たちがこの映画祭を支えているのだという自信にあふれているからです。まだ7回目の日本では、審査員たちの活躍はまだまだこれからですが、ついに今年は、第4回で審査員として参加した白岩美果くんがリーダーとなり、司会やサポーターを務めてくれることになりました。子どもたちが中心になって映画祭を運営することが私たち実行委員会の目標です。今年はそれに一歩近づきました。
子どもの頃、優れた映画に出会った人は、いつまでもその思い出を忘れません。その思い出を形として将来に伝えていくこと、それが新しい映画の"力"になるのです。

第7回（1999年）の広報用タブロイド紙より

画祭から声がかかって上映される可能性が高まります。

私は毎年、子ども審査員のみなさんに話していることがあります。「あなたたちは選ばれたキネコ国際映画祭の子ども審査員です。今からあなたたちに、キネコ国際映画祭の名誉あるグランプリを選んでいただきます。そこに大人は一切入りません。審査員だけで決めてもらいます。みなさんが選んだグランプリ作品は、世界じゅうの映画祭で紹介されることになりますので責任重大です」と。これをたった数分話すだけで、子どもたちは真剣に映画を観て、真剣にディスカッションするようになります。

子ども審査員は、映画祭の期間中、十五本から二十本の映画を観なくてはいけません。何日も続けて、朝十時から夜七時まで、ずっと映画を観続ける。子どもたちにとっては、とても大変な作業です。しかし数日間、集中して映画を観て審査会議でディスカッションするというのはいい経験になります。膨大《ぼうだい》なインプットとアウトプットを一気に行なうことで、心の中にたくさんの引き出しができるのです。

審査会議が行なわれるのは、授賞式の前日の午前中。三十分でさくっと決まる年もあれば、二時間経っても決まらない年もあります。どうしても一本に絞れないから二本選びたいと相談されたこともありました。大人は一切口を挟まず、子どもたちの自由な発想で決めてもらうので、毎年いろいろなドラマがあって、見ているだけで面白い。

さらに二〇一九年、ティーンズ部門が始まり、ティーンズ審査員の募集も始まりました。こちらは、小学生のときに子ども審査員をやった人だけに声をかけていますが、実はティーンズ審査員は大人気で、子ども審査員以上の応募があります。子ども審査員をやったときの経験が、楽しい思い出になっているということなのでしょう。ほかにも、ボランティアスタッフのうち十人ぐらいは子ども審査員の経験者で、大学生になってから、アルバイトに来る子もいます。

三十年もやっていると、初期に審査員をやった子どもが大人になって、自分の子どもを連れて遊びに来たりもするようになりました。取材に来た新聞記者の中に、子ども審査員の経験者がいたこともあります。その子は当時から「私は将来、新聞記者になります」と言っていました。夢を叶え、一緒に仕事ができることをとても嬉しく思います。

——一人になっても続ける決意は揺らがなかった

話を戻しましょう。セレクトする映画の方向性が変わり、ライブシネマや体験ワークショップなどのさまざまな試みを始めたこと、宣伝を積極的に行なったことなどで、観客数は順調に増えていきました。成果が見えてくると、やはり嬉しいものです。私は、映画祭の運営にますます没頭するようになっていきました。

二〇〇〇年には、ドイツ語の〈キンダー・フィルムフェスト〉から〈キンダー・フィルム・フェスティバル〉に改名しています。私が見てきた海外の子ども映画祭と比べれば、規模も内容もまだまだですが、勢いは感じていたので、ここからますますいい映画祭にしていけるはずだと意気込んでいました。

一方で、衝突が続いていたディレクターからは、ある日とうとう「私の選ぶ作品に納得できないならば、私はもういなくていいのではないか」と言われました。「納得できないのではなく、映画祭をよりよくしていくために変えていきたいのだ」と一生懸命訴えましたが、お互い不信感が募っていて、歩み寄ることができません。こじれにこじれた関係の溝はどうやっても埋まらず、二〇〇一年の第九回を最後にそのディレクターは抜けることになりました。

とうとう一人になってしまいました。しかし私は、映画業界とのパイプもなく、海外交渉の経験もほとんどないのに「映画祭をやめる」という選択肢は考えませんでした。ベルリンのような子ども映画祭が現実に存在しているのだから、自分にだって同じような映画祭がつくれるはずだ、そう思って疑わなかったからです。「この映画祭は、ちゃんとやれば絶対に成功する」と、私はまだ信じ続けていました。

国際的な映画祭ほど地域がひとつになる

その頃から、私は年数回、海外の子ども映画祭に足を運ぶようになっていました。いい映画祭をつくるためのヒントや学びをできるだけたくさん得たかったからです。いい要素は取り入れ、ダメな部分に関しては同じことをしないように気をつける。そうしてたくさんの映画祭を見ているうちに、わかってきたことがありました。

それは、すばらしいと思う映画祭は、必ずといっていいほど地域住民に愛されているということです。歴史ある著名な映画祭ほど、地元では「地域のお祭り」と認識されていて、子どもも大人も共に楽しめる仕掛けがたくさん用意されていました。

例えば〈ズリーン国際映画祭〉というチェコ東部のズリーンというまちで開催される子ども映画祭があります。会期中は、ズリーンのまちじゅうがお祭り騒ぎになります。だだっぴろい工場の跡地にはたくさんの屋台が並び、食べ物はもちろん、お酒も普段より安く売られる。あるいはオランダの〈シネキッド国際映画祭〉では、科学実験ブースや大道芸など、映画とは関係ない催しがあちこちで繰り広げられ、誰でも楽しめるように工夫されている。どの映画祭も、地域住民が自分たちのまちにある映画祭を誇りに思っていることが、ひしひしと感じられました。

映画を観る、観ないにかかわらず、地域に開かれたお祭りになっている。だからこそ、みんなが子どもを連れて参加するし、高齢者なども一緒になって楽しめる。そしてそれが、映画祭の賑《にぎ》わいと盛り上がりをつくり出す。国際的な映画祭ほど、地域の応援を得られるお祭りであることが肝心なのです。

たくさんの映画祭を見ているうちに、私もいつかはそんな地域のお祭りにしていきたい、異国のパレードのような祭典にしたいと思うようになりました。ただ、そうなるには国や自治体の協力が必要不可欠ですし、まちなかにオープンスペースを用意する必要もあります。第四回から会場となっていたこどもの城では映画上映する限られたエリアしか使用できなかったので、実行に移すことはなかなかできずにいました。

一歩を踏み出すきっかけが訪れるのは、そこから何年も先のことになります。

――調布市へ

二〇〇七年のことです。当時、日野市の副市長を務めていたお父さん仲間から「調布市が映画祭をやりたがっているという噂《うわさ》を聞いたから、企画を持ち込んでみたら？」と言われました。かねてから自治体を巻き込んでいきたいと思っていた私は、それを聞いて早速、調布市にコンタクトをとりました。調布市は、映画関連企業や撮影所がたくさん集まっている地域であり、「映画のまち」として積極的にＰＲを行なっています。市としては「映画のまち・調布」をさらに打ち出していきたいという狙いがあり、映画祭もその一環として検討されていました。私はプレゼンの下準備を綿密に行ない、説明に向かいました。すると、市の担当者が非常に前向きで、ぜひ翌年からやりましょうという話になったのです。こうして二〇〇八年は、こどもの城に加えて「調布市文化会館　たづくり」にもサテライト会場を設けることになりました。さらに翌二〇〇九年には、調布市が正式に共催となります。

調布市では、市の全面協力があったおかげで、地域の方々の理解もすぐに得ることができました。映画祭の期間中、駅から会場までの通りや広場を使用する許可が下り、それまでできなかった屋台やバルーンアート、大道芸人のパフォーマンスといった、地域に開かれた催しがようやく実現できたのです。

私は、集客を増やすためにPRにますます力を入れました。例えば、学校で配布してもらうチラシは、映画と楽しい催しがあることがわかりやすく伝わり、教育関係者にも理解してもらえるエンターテインメント性の高いデザインに仕上げました。

また、そろそろ映画祭のキャラクターをつくりたいと思い、当時のアルバイトスタッフにおすすめの絵本作家がいないか尋ねてみたところ、立本倫子（たちもとみちこ）さんの名前が上がりました。私は早速、立本さんに会いに行き、誰からも愛される妖精のような映画祭のキャラクターがつくりたいと相談しました。立

「キネコ」の初登場（第21回の広報用タブロイド紙より）

本さんは快く引き受けてくださり、絵を描く前に、キャラクターの物語を考えましょうと提案してくれました。私たちは「猫が世界じゅうを旅しながら、子どもたちのために映画を集めて持って帰ってくる」というストーリーを一緒に考え、立本さんはそこからイメージを膨らませて、映画祭のキャラクターを描いてくれました。名前は「キネマ」と「ネコ」を組み合わせて「キネコ」に。ルックスは招きネコを取り入れました。それ以来、キネコは毎年、映画祭の顔としてホームページからタブロイド紙、本番のステージに上がるマスコットまで、あらゆるところに登場しては映画祭を盛り上げてくれています。立本さんには今もイラストを描いていただき、毎年少しずつ雰囲気の異なるキネコが登場していきます。映画祭ではすっかりお馴染《なじ》みの、みんなに愛される魅力的なキャラクターが誕生したのです。

——戸田恵子さんとの出会い

海外では、映画祭のシンボルをフェスティバル・ディレクターが担い、表に立っているケースもあります。しかし無名の私では当然、シンボルにはなりえません。そこで、著名な方に応援していただき、何らかの形で参加してもらうのがいいのではないかと思い、周囲に相談してみたところ、何人もの方から「子ども映画祭のシンボルならこの人でしょう」と名前が挙がったのが、俳優の戸田恵子さんでした。ご存じのとおり、戸田恵子さんは『アンパンマン』や『機関車トーマス』『ゲゲゲの鬼太郎』など、子ども向けのアニメで主人公の声を担当しています。誰もが何かしらのアニメで戸田さんの声を聞いて育ったといっても過言ではありません。そう考えると、確かに戸田さんほど子ども映画祭のシンボルにぴったりな人はいないように思えました。

こうなったらアタックするしかありません。なんとしても戸田さんに参加してもらおうと、私は行動を起こしました。

まず、戸田さんの事務所に電話をかけました。対応してくれたのは、事務所の社長であり、マネージャーの牧野さんです。牧野さんは丁寧に話を聞いてくださり、「戸田に話してみます」と言ってくれました。私は祈るような気持ちで返事を待っていましたが、数日後「本人が会って話を聞くと言っています」と連絡が。当時はまだ、個人がやっている小さな映画祭です。そんな映画祭のディレクターが、戸田さん本人に話を聞いてもらえるだけでもすごいことでした。

このチャンスを逃してはならない。なんとしても戸田さんに参加してもらいたかった私は、企画書を片手にテレビ局の控え室に向かいました。そして、いかに子ども映画祭が日本に必要か、子どもたちにどれだけ映画との出会いの場を提供していきたいのかを、必死になって訴えたのです。人生で、このときほど緊張したプレゼンはありません。戸田さんは、最初は私のことを怪しいと感じていたように思いますが、十五分ほどの説明を聞いてくださいました。不安にはなりましたが、思いはすべて伝えることができたので、悔いはありません。後日、牧野さんから「参加します」という連絡を受けたときには、「うそー！　本当か！」と思わず叫んでしまいました。ちゃんと思いが通じたのだと心から嬉しかった。

第16回（2008年）の広報用タブロイド紙より

こうして二〇〇八年、こどもの城の円形劇場にて、戸田恵子さんが生吹き替えするライブシネマが実現することになりました。このスペシャルな企画は、多くのメディアで取り上げられることとなり、チケットはすぐに完売。戸田さんの演技はやはり圧巻で、小さな子どもから大人までのめり込むように映画を観ていました。

映画の力

その後、現在に至るまで、戸田さんは毎年必ず映画祭に参加してくれています。ジェネラル・ディレクターにも就任していただきました。「たひらさん、映画で勝負しようよ。いい映画を上映しよう」と言って、プログラムを一緒に考えたり、知り合いの声優や俳優に参加を呼びかけてくれたりと、さまざまな形で、映画祭を支えてくれています。

戸田さんはいつも、キネコで上映する映画がすばらしいから毎年参加しているのだと言っていますが、本当にそうなのだろうと思います。なぜならつい最近まで、これでよく戸田さんが参加してくれたなと思うほど、当日の進行も機材のセッティングも、何から何までめちゃくちゃだったからです。事前の打ち合わせもまともにできず、専門の舞台監督もいません。私がひとりで全部を担当していたので、対応が後手後手《ごてごて》になり、トラブルが起きるたびに進行が止まっていました。そんな状態でも参加し続けてくれたのは「映画の力」以外のなにものでもありません。

映画祭の未来を一緒になって考え、最後にいつも助けてくれたのも戸田さんでした。私は戸田さんを見て、常に真剣勝負で仕事に取り組むプロとしての姿勢を学ばせてもらった。戸田さんが応援し続けてくれたおかげで、ここまで頑張ることができたのです。

調布でキネコの原型ができる

長年メイン会場として利用してきたこどもの城は、二〇一〇年、民主党政権下において事業仕分けの対象となりました。そして何を隠そう、こどもの城で採算がとれていないイベントとして、真っ先に打ち切りが決まったのが〈キンダー・フィルム・フェスティバル〉でした。

もし打ち切りが告げられたときに調布市での開催が決まっていなければ、映画祭はなくなっていたかもしれません。そう考えると、調布市に企画を持ち込んだタイミングは絶妙でした。結果として、こどもの城の映画祭打ち切りは、次のステップに進む、いいきっかけになったと思います。調布市では、大きな会場を提供してもらうことができたし、自治体や地元の方々の協力を得て、長年思い描いていた「地域のお祭り」にしていく土台をつくることができました。ここで、現在のキネコの原型ができたのです。

調布市には、二〇〇八年から二〇一四年まで、七年間お世話になりました。調布市の最初の担当だった豊田課長とは、バディと呼び合うほど仲が良く、三年目まではとてもうまくいっていました。ただ、豊田さんが病気で亡くなられてから、少しずつ歯車が狂い始めました。予算は少なくなっていくのに、責任がどんどん重くなり、互いにぎくしゃくすることが増えていったのです。折り合いをつけてうまくやればよかったのでしょうが、納得できないことは受け入れられない性格です。悩んだ末、調布市での開催をとりやめ、二〇一五年は自治体の応援がないまま「渋谷区文化総合センター大和田さくらホール」に会場を移すことを決めました。

とはいえ、何の考えもなしにやめたわけではありません。開催地を渋谷にしたのには、ひそかな狙いがありました。

――いつか二子玉川で映画祭を

毎年、何十社も回って「スポンサーになってもらえないか」とお願いしていると、どれだけ子ども映画祭の必要性を説いても、そう簡単には受け入れてもらえないことがよくわかります。

例えば以前、大手企業が五社ほどスポンサーについてくれた年がありました。しかしその直後にリーマンショック（二〇〇八年）が起きると、あっというまにみんな打ち切りです。そのとき、何かあったら真っ先に切られるのは映画祭のような芸術文化への支援なのだなとしみじみ思ったものです。

そこで唯一、スポンサーとして残ってくれた企業がセコムでした。セコムはスポンサーになっていちばん長く、かれこれ十七年のお付き合いになります。当時の担当者だった小松さんは、ただ熱く映画祭への思いを語ることしかできなかった私のプレゼンを聞いて「汗をかきながら一生懸命喋っているのが気に入った」のでスポンサーになったと言っていました。

スポンサー企業からはいろいろと注文が入ったり、釘を刺されたりすることがあるものですが、小松さんは違いました。「うちは、お金は出すけれども、内容についてはたひらさんにすべておまかせします」と、サラリとかっこいいことを言ったりするのです。私は、小松さんとすっかり意気投合しました。

ある日、小松さんが突然「たひらさん、二子玉川で映画祭をやるといいよ」と言い出しました。唐突な話に面食らって「なぜですか?」と訊くと、「二子玉川で子ども映画祭をやったら、お客さんめちゃくちゃ来ます」と断言するのです。二子玉川は再開発が進み、若いファミリー層がたくさん訪れるまちになっていました。加えて、再開発を手掛けた東急が二子玉川で文化的な発信をしていきたいと考えていることも教えてもらいました。

私はそれまで二子玉川には行ったことがなく、どういうところかよく知りませんでした。調布市で開催してうまくいっている時期だったので、すぐには興味も湧かなかったのですが、数週間後に小松さんが私を呼び出し、二子玉川を案内してくれました。

確か二〇一三年頃だったのではないかと思います。行ってみると、駅前はすごくきれいで洗練されていて、広々とした通路や広場がある。少し駅から離れると公園や河川敷があり、のんびりした雰囲気もある。子連れの方もたくさん歩いている。「確かにここは子ども映画祭をやるにはぴったりかもしれないな」と私も思いました。

そのときは開催地を移すことは考えていませんでしたが、心のどこかに「二子玉川で映画祭」というイメージが残っていたのだと思います。何かあるたびに二子玉川のことが思い出されて、二子玉川で映画祭をやる可能性を頭の片隅に置いている自分がいました。

だから、調布市での開催をとりやめることになったとき、最初に思い浮かんだのが〝二子玉川〟でした。そして、〝二子玉川〟で開催するにはどうしたらいいだろうと考え、駅前の再開発を手掛けている東急とつながりをもつ必要があるだろうと思ったのです。東急が文化発信に関心があることは聞いていたので、つながりさえできれば、二子玉川でなくてもなにかしら新しい展開に結びつくだろうとも思い、東急電鉄の主要ターミナル駅がある渋谷で開催することで、東急にアピールしようと思ったわけです。そのまま渋谷で開催できればそれでも良し、と考えていました。

そこで、前年の二〇一四年、東急の関連企業であり、映画興行を中心に映像事業を手掛けている株式会社東急レクリエーションへ、企画書をもってプレゼンに行きました。東急レクリエーションは〈したまちコメディ映画祭 in 台東〉など、いくつかの映画祭を開催してきた実績があります。

私は、自分たちがどんな映画祭をつくっているのかを説明し「ぜひ、子ども映画祭を渋谷（このときは二子玉川ではなく、渋谷とプレゼンしました）で一緒にやりませんか？」と提案しました。プレゼンは、十五分程度だったと思います。

このとき話を聞いてくれた三名のうちのひとりが、現在、キネコのエグゼクティブ・プロデューサーを務める福地礼子さんです。福地さんは今でこそ私のバディで、とても親身に意見を聞き入れてくださいますが、最初はとても厳しかった。すぐに「東急にどんなメリットがあるんですか？　申し訳ないですが、興味はありません」ときっぱり断られました。それ以上言葉を継げる雰囲気もなく、私はたった十五分で、東急レクリエーションをあとにしたのです。決して、最初から歓迎されたわけではありませんでした。

――人のつながりに助けられてきた

あえなく断られてしまったものの、子ども映画祭を東急とやりたいという気持ちは揺るぎませんでした。そこで私は、東急レクリエーションとは別の入口がないか探し始めました。東急グループの広報部に連絡してみたり、東急とつながりのありそうな方にそれとなく聞いてみたり。しかし、なかなかうまくいきません。困った私が相談を持ちかけたのが、元角川映画株式会社の代表取締役で、現株式会社KADOKAWA特別顧問、そして〈東京国際映画祭〉のディレクター・ジェネラルも務めていた椎名保《やすし》さんでした。

椎名さんとの出会いのきっかけは、シダックス株式会社の現会長兼社長、志太勤一さんです。シダックスは、調布市に本社があったことでスポンサーとなり、映画祭をずっと応援し続けてくれています。志太さんは、アメリカで暮らしていた経験を活かし、海外ゲストのおもてなしを手伝ったり、開催当日は映画祭のTシャツを着て、一緒になって会場じゅうを走り回ったりしてくれる、本当に優しい方です。

その志太さんが毎年一回、中伊豆で開催していたパーティがありました。そのパーティには大企業の社長や著名人など、そうそうたる面々が集《つど》います。そこに私も呼んでくださって「たひらくんって言うんだけど、映画祭をやっているんだよ。子ども向けの映画祭なんだけど、すごく頑張っているからよろしくね」と、会場にいる一人一人に紹介してくれたのです。そのパーティを通じて、本来なら知り合う機会のなかったであろう方々とたくさん知り合うことができました。

東宝株式会社の代表取締役だった島谷能成《よししげ》さんもその一人です。私は島谷さんがどれだけすごい人なのかがよくわかっておらず「今度会いに行っていいですか」と言って、本当にフラリと東宝の本社まで会いに行ったりしていました。その島谷さんが紹介してくれたのが日本映画製作者連盟で、連盟が紹介してくれたのが椎名さんです。

長く映画業界にいる椎名さんは、映画を観る人がどんどん減ってきていることに少なからぬ危機感を抱いていました。子どもたちに映画の魅力に気づいてもらい、映画人口の底辺を広げていかないと映画業界の未来はない、そんなふうに感じていたようです。

二〇一〇年、私は出会ったばかりの椎名さんに映画祭の国際審査委員長をお願いしました。審査委員長になれば、ノミネートされた映画を全部観ることになります。私のやっていることに心から共感してもらうためには、いい映画をたくさん上映していることをわかってもらうしかないと思いました。

思いが通じたのでしょう、その後、椎名さんはことあるごとに映画祭の力になってくれました。私が「東急に映画祭のプレゼンをしたいので、どなたかご紹介いただけませんか」と相談したときも、すぐに東急レクリエーションの代表取締役、菅野信三《かんのしんぞう》さんを紹介してくれました。それだけでなく、菅野さんと会うときに同行し、私を横に置いて「上映している映画がすばらしいし、こんなにいい映画祭はない。映画業界も、子どもたちのためにもっとこういう活動をしていかなくてはいけないのではないか」と、椎名さん自ら熱弁をふるったのです。菅野さんも「東急が探していたのは、まさにこれです。こういう映画祭がやりたいと思っていました」と興味を示してくれました。そして、渋谷で開催する映画祭を観に来てくださることになったのです。椎名さんのおかげで、東急と一緒に映画祭をやる道が開けてきました。

私はずっと、人と人のつながりに助けられてきました。ひとつのつながりが、次のつながりに結びつき、そのつながりがまた次のつながりに結びつく。どんなに大変なことが起こっても、必ず誰かが手を差し伸べて助けてくれたから、何があってもなんとか踏みとどまり、頑張ることができました。

後述しますが、菅野さんもまた、現在のキネコ国際映画祭には欠かすことのできない大恩人になります。どの人が欠けても、今のキネコ国際映画祭はなかった。こうしてお世話になった方々を振り返ると、あらためてそのことを実感します。

ふたつの奇跡

映画祭の名称は、二〇一五年に渋谷に移転した際〈キネコ国際映画祭〉に変更しました。日本的でありながら海外の人にも覚えてもらいやすく、キャラクター名でもあった「キネコ」を採用。あえて「子ども」と入れなかったのは、子ども映画祭をベースにしながらも、すべての世代が楽しめる映画祭を目指したかったからです。そして名称に「国際」を入れたのは、この映画祭を必ず「名実ともに真の国際映画祭にしていく」という、私の強い決意表明でもありました。

しかし、自治体の後ろ盾がなくなると、ほとんどのスポンサーは離れていきました。残ったのは長年応援してくれているセコムとシダックスの二社だけとなり、決意とは裏腹に、資金はまったくありません。仕方なく自腹を切って補塡《ほてん》し、人手が足りない分は、カイクラフトの社員に頭を下げ、お盆休み返上で手伝ってもらいました。もし東急の協力を得られなければ、赤字が膨らみ、国際映画祭への道のりはますます険しいものになります。

ところが、資金不足と人手不足で、私は当日も走り回らざるをえず、来ていただいた東急の方々と満足に話す時間もつくれません。トップにいる人間がずっと走り回っていたら、東急としては不安になるはずです。これではダメかもしれないと思い始めていました。

そんな絶体絶命の状況を救ってくれたのが、戸田恵子さんと中山秀征さんでした。今でも忘れません。クロージング・セレモニーに登壇した戸田さんと中山さんが「この映画祭は、子どもたちのためにも映画文化のためにもやらなくちゃいけない映画祭なんです！」と、力強く訴えてくださったのです。会場にいた人々が、戸田さんや中山さんのメッセージに心打たれ、空気がガラリと変わったのがわかりました。その瞬間、私は「いけるかもしれない」と思いました。すると本当に、映画祭が終わった翌週、菅野さんから「ぜひ一緒にやりましょう」と言っていただけたのです。

さらに、奇跡は続きます。菅野さんから「開催地は、渋谷じゃなくて二子玉川にしませんか」と提案されたのです。その瞬間、私は鳥肌が立ちました。菅野さんには、二子玉川でやりたいとはひとことも言っていなかったからです。驚きを顔に出さないようにしていましたが、心の中では「うわー！　きたー！」と絶叫していました。

余談ですが、このとき「担当者を紹介します」と言われて出てきたのが、最初のプレゼンで、きっぱり断られた福地さんでした。福地さんは、ドアを開けた瞬間から、私のことを睨《にら》み続けていました。今では笑い話ですが、あのときはものすごく怖かったです。

とにもかくにも、こうして、東急の協力を無事に取り付けることができました。これは決して運だけではなかったと思います。私は何年か越しに二子玉川で開催するというイメージを膨らませて、少しずつですが行動を起こしてきました。いろいろな人とつながりをつくり、そのツテをたどって東急に声をかけたのも、渋谷で開催したのも、二子玉川での開催を意識してのことです。私はいつも理想をイメージし、そのイメージに近づけるために行動してきました。だからこのときも、夢が現実化したのだと思います。

こうしてキネコ国際映画祭は、いつかここで、と夢想していた地、二子玉川で東急グループという大企業の全面協力を得て、走り始めることになりました。一九九二年に始まって、個人プロジェクトとして続いてきた小さな映画祭が、名実ともに真の国際子ども映画祭になる、あと一歩のところまで近づいていました。

高橋克典

僕がキネコ国際映画祭に参加したきっかけは、キネコの理事で税理士の小畠さんに突然声をかけられたことでした。その頃、子育て真っ最中だった僕は、子どもの意識の成長に関してとても興味をもっていました。僕自身、知見を広げたいと、若いときにバックパッカーをやっていたこともあり、子どもには、早いうちからいろいろな経験をさせ、多様な価値観に触れてもらいたいと思っていました。けれども、実際に小さな子どもをあちこちに連れていくのはなかなか難しい。そんなことを考えていた矢先にたひらさんと出会い、旅に出かけることはできなくても、世界じゅうの映画を観れば、いろいろな価値観に触れられるという話を聞いたのです。

僕は、芸術には創作の自由はあるけれども、同時に責任もあると思っています。たひらさんも、それをよくわかった上で世界じゅうからたくさんの映画を集めていた。とても魅力的に感じ、ぜひ僕にも力になれることはないかと、応援団に加わらせてもらうことにしたのです。

その頃のキネコ国際映画祭は、ほとんどのスタッフがボランティアでした。そのためか、こうしたイベントに出演することに慣れている身としては、段取りが悪くて、思わず「おいおい」と突っ込みたくなる瞬間が、正直たくさんあった。けれども、みんながボランティアでやっているからこそ、映画祭に対する強い思いがあることも感じました。その気持ちに押し切られるように、つい毎年やってしまう。映画祭の趣旨こそが重要だと思っていたので、応援したい気持ちは変わらないし、消えませんでした。

今は、東急や世田谷区も加わり、ますます大きなイベントになりました。進行もスムーズになったし、世界じゅうのさまざまな映画が観られる機会だということを、みんなに知ってもらえるようになったことは、すばらしいことだと思います。一方で、たひらさんにはぜひ今のまま、自分の意志を曲げることなく、映画祭を続けていってほしいとも思う。キネコ国際映画祭には、商業主義に偏りすぎず、何かに迎合しないで静かに戦える力をもった映画祭であってほしい。

映画祭は、人間が人間らしく育つために必要な場所です。だからこそ、最初の思いを絶対に忘れず、貫き通してもらいたい。それが子どもたちが大きくなってどういう人間になるのかにつながることだから。人間の行く末と未来につながっていくことなのだから。（談）

（たかはし・かつのり　キネコ国際映画祭スペシャル・サポーター）

第三章

フェスティバル・ディレクターという仕事

――フェスティバル・ディレクターとは？

つい最近まで、映画祭を個人運営してきた、というと、みなさんとても驚きます。もちろん個人といってもたくさんの人に助けてもらっていますし、映画祭前と当日はアルバイトも雇います。ボランティアスタッフだっています。しかし、常勤のスタッフを置くことはしていません。何かこだわりがあってそうしているわけではなく、ただ単に人を雇う余裕がなかったからです。

ただでさえ、映画祭づくりなどやったことがなく、誰かにノウハウを教わったこともありません。最初の頃は右も左もわからずに、失敗もたくさんしました。今思えば「何もわかってなかったな」と恥ずかしくなるようなこともたくさんあります。それでも三十年近く続けているとそれなりに成長して、なんとか一人前のフェスティバル・ディレクターになれたようです。

フェスティバル・ディレクターとは、映画祭の企画・制作・立案を行ない、その内容や質に責任を負う監督のようなものです。スタッフがたくさんいれば、企画を考えて指示と判断をするだけでよいのですが、人を雇えなかったため、ほとんどの仕事を自分でやっていました。そういう意味では、映画祭をつくるために必要な大抵の仕事は経験してきたように思います。

きっとみなさんは、映画祭というと壮大なイメージを浮かべ、そんなものを個人でできるはずがないと思うのではないでしょうか。しかし、ひと口に映画祭と言っても、内容も規模もさまざまです。世界三大国際映画祭（カンヌ国際映画祭、ベルリン国際映画祭、ヴェネツィア国際映画祭）のように誰もが知っている映画祭もあれば、ドキュメンタリー映画祭のようにジャンルが限定されているもの、まちづくりや地域の芸術振興の一環として展開されているもの、市民団体が主催するとても小さな草の根の映画祭もあります。音楽イベントが、巨大フェスからライブハウスの個人企画イベントまでいろいろあるように、映画祭も大きなものから小さなものまでいろいろな個性があるのです。ですから、映画祭をやってみたいと思ったら、実は誰でもチャレンジできるし、個人であってもやってやれないことはありません（少々大変ではありますが）。

よく訊かれるのが「映画祭って、どうやってつくっているの？」ということと、「それで結局、いったいたいたひらは何をやっているの？」ということです。私は人前に出るのが苦手で、映画祭当日もなるべく裏方に徹しています。それもあってよけいに「何をやっているのかわからない人」という印象があるのかもしれません。

この章では、私が三十年かけて独学で学び、実践してきた映画祭づくりのノウハウの一端を記したいと思います。もしも自分で映画祭をやってみたいという人がいれば、ぜひ参考にしてみてください。いい映画祭をつくるために必要なことや大切なことは、意外と地道なことの積み重ねの中にあります。

映画祭のつくり方①　映画祭と映画上映会

映画イベントには、大きく分けて「映画祭」と「映画上映会」があります。厳密な規定はありませんが、開催規模によってどちらかに分類されると考えていいでしょう。大まかな目安としては、上映本数が五本以上で会期が二日以上のものが映画祭、一本、もしくは少数の映画を一回限りで上映するのが映画上映会です。

「多くの人に観てもらいたい」という映画に出会ったら、まずは実現しやすい映画上映会を企画してみてください。上映会なら、五十人や百人程度の小さな規模でも開催可能。ただし、小さすぎると協賛金を集めたり、イベントとしてつくり込むことは難しくなる。どうせなら、千人規模の上映会を目指したほうが面白くなるでしょう。

一方、映画祭となるとスケールは格段に大きくなり、上映本数も増えます。そうなると、自分が観てもらいたい映画と、動員数に直結するメジャーな映画、このふたつを組み合わせて、イベントとしてのバランスをとる必要が生じます。規模が大きくなれば仕事は増えるし、お金もかかる。ただし、その分やりがいがあるし、演出の幅も広がって、自分の手でイベントをつくり出す楽しみが感じられるはずです。

もしも英語が堪能な方であれば、ぜひ国際映画祭に挑戦してもらいたい。国際映画祭というと、現在のキネコのような大規模な映画祭を想像するかもしれませんが、小さな国際映画祭というのもたくさんあります。「世界に向けて発信する」という視点をもつと、ひと味違った面白さが感じられると思います。

映画祭のつくり方② 目的・テーマを決める

映画祭と映画上映会、どちらの形態で開催するかを決めたら、次は「対象は誰で何のために開催する映画祭（映画上映会）なのか」を明確にし、目的・テーマを設定しましょう。目的・テーマが決まるとイベントの軸ができるので、作品を集める際の基準も自然と定まります。

キネコ国際映画祭であれば「子どもたちの映画祭」という大きなテーマがあります。だから私は「子どもたちと、子どもに関わる大人たちに観てもらいたい映画」を基準に、上映する映画を探します。ラブストーリーだけを上映する映画祭であれば良質な恋愛映画を探す、環境問題について考える映画祭であれば学びが深まるドキュメンタリー映画を探す、というように、その軸によって映画祭のオリジナリティが確立されるのです。

その上で、自分の好きなことだけをやる自己満足のイベントで終わらないよう、気をつけたいところです。かつての私がそうだったので、これは反省も含めてお伝えしたい。あくまで、お客さんからチケット代をもらうイベントであることを忘れずに、誰もが楽しめる映画祭とはどんなものかを問いながらつくり上げていくと、結果的にイベントとしてのクオリティも上がります。

映画祭のつくり方③　映画を集める

目的・テーマが定まったら、映画集めに入ります。

自分が選んだ作品によって人の気持ちを動かすのは、映画祭づくりの醍醐味《だいごみ》です。どんな映画を上映したらお客さんを感動させられるか、子どもたちに夢を与えられるか、社会問題に一石投じることができるかなど、あらゆる角度から総合的に映画を選びましょう。

セレクトする映画次第で、動員数は大きく変わります。メジャー作品からまったく知られていない学生の作品まで、さまざまな映画があるので、よく吟味してバランスよくセレクトしていかなくてはなりません。国内外のさまざまな映画祭を回り、自分の目的に合った映画を探していくと、バランスのとれたプログラムができます。

現在はＳＮＳなどで作品リストを公開している映画祭もたくさんあります。そのリストにある作品は、視聴料を払えば観ることができる場合がほとんどです。なかには、リストに掲載されているすべての映画が一定期間、自由に観られる仕組みを採用している映画祭もあります。本当は、是非とも実際の映画祭へ足を運んでほしいところですが、それが叶わない場合は、インターネットを使えば、日本にいながら世界じゅうの映画を探すこともできます。

これだと思う作品に出会えたら、次に配給会社に貸し出しの依頼をすることになります。各配給会社に問い合わせると、主に四つのことを聞かれます。「開催日時」と「入場料」、そして「上映回数」と「想定動員数」です。なぜなら、映画の作品使用料というのは、イベントの規模や条件に合わせて決まるからです。同じ映画でも、十万円と言われる場合もあれば、五十万円と言われる場合もある。営利目的か非営利目的かでも変わってくる。かなり金額が違うので、ここでどう交渉するかが重要です。私はいつも「情熱」だけで勝負。映画祭の目的と、映画祭へ込めた思いを滔々《とうとう》と語り、どうしてもこの映画を上映したいのだと訴えます。結果は五分五分でしょうか。安くしてもらえることもあれば、言われたとおりに高額の使用料を支払ったこともありました。

最新のメジャー作品を借りるのは至難の業《わざ》ですが、一年前、二年前のメジャー作品であれば、貸し出しの許可が下りることもあります。ただし、お客さんが殺到することが予想されるメジャー作品に関しては、入場料をとってはいけないと言われたり、逆に千円を切らない料金設定にするように指示されたりします。このあたりの条件については、気をつけておかなくてはいけません。

――映画祭のつくり方④　支出と収入について

続いて、予算決めです。映画祭・映画上映会の規模によって、費用の額はまったく違います。しかし、お金がかかるところというのは、規模と関係なくほぼ共通なので、ここでは、どこにお金がかかるかを見ていきましょう。

まず会場費。市民会館のような大きなホールを借りると、通常であれば数十万円ほどかかります。ただ、工場の跡地を借りて野外上映会としたり、空きテナントを安く借りたりと、アイデアと交渉次第で、費用がそれほどかからない会場を見つけることもできます。小さな映画上映会でいいという場合は、二十人程度が入るカフェから始めてみるのもいいでしょう。ただし消防法の関係で、カフェで映画上映のみを行なう（映画館として使用する）ことはできません。スポーツバーと同じシステムで、飲み物や食べ物と映画上映をセットにして提供する形をとることになります。

会場費に加えて、必ず必要になるのが技術料です。技術料とは、映写、音響、照明など、専門的なスキルが求められる仕事にかかる費用のこと。ほかに、当日の会場運営を行なう進行スタッフと舞台監督も必要です。昔のキネコは予算がなかったため、舞台監督も映写も音響も照明も、すべて自分でやっていた時代がありました。第二章で紹介したように、子どもスタッフに手伝ってもらった時期もあります。もちろんプロに頼めばクオリティは高くなりますが、どう演出するかによって、お金をかけないやり方も考えられます。

おおよその目安としては、五百人規模の映画祭なら、平均的な予算は百五十万円ほど。百人規模なら七十万円、数十人規模であれば二十万〜三十万円程度です。仮に五百人規模の映画祭であれば、会場費と技術料で五十万円。残りの百万円はチラシ印刷などの宣伝・広報費、残りが作品使用料となります。

収入については、キネコを例に説明すると、スポンサーからの協賛金が予算全体の八割を占めています。残りの二割が国の助成金と、世田谷区などからの共催金。その他、チケット代などの細かな収入もありますが、こちらは全体の数パーセント程度です。要するに、チケット代のみで運営していくことは難しいため、スポンサーの獲得が大切だということです。

ただし、映画祭によっては仲間に寄付を募ったり、クラウドファンディングに挑戦して資金を集めているケースもあります。たくさんの人が賛同してくれる目的・テーマであれば、収入を得る方法に関してもさまざまな可能性がひらけてくると思います。

映画祭のつくり方⑤　継続していく

最後に、映画祭をやると決めたのであれば、なによりもまず「継続すること」が大切です。毎年続けていかなくては応援してくれる人も増えないし、広がりは生まれていかない。私も三十年続けてきたからこそ、キネコをこれだけ大規模な国際映画祭に成長させることができました。思いきってやってみれば、「来年も楽しみにしています」というお客さんの声がモチベーションとなり、翌年の映画祭に向けてまた一年頑張ろうと思えるはずです。

その上で、ひとつだけ肝に銘じてほしいのは、「最初に映画祭を立ち上げた人がすべての責任者である」ということです。映画祭をやりたいと思う動機は人それぞれですが、始めた以上、そこには必ず責任が生じます。逆に言えば、それを背負う覚悟さえあれば、これほどロマンや夢のある楽しい仕事はほかにありません。

いい映画祭にはいい映画がある

映画祭づくりの一連の流れを説明しましたが、ここからは、私が実際に取り組んでいる仕事の中身や考え方、こだわりについて、もう少し詳しく触れていきたいと思います。

フェスティバル・ディレクターの仕事の中でいちばん楽しく、かつ重要な仕事は、やはり「映画集め」です。映画祭では、たくさんの映画を組み合わせてプログラムを構成し、最後にグランプリを選出します。いい映画がラインナップされているからこそ、お客さんがたくさん来てくれるし、映画祭自体の評価にもつながる。そのため、なにはなくとも「いい映画を見つけ出す」ことは、とても重要な任務になります。

ではどうやっていい映画を見つけ出すのか。映画の見つけ方には、いくつかの方法があります。

国内作品についてはいたってシンプルです。普段から雑誌やインターネットで情報を集め、気になる作品をチェックしておけばいいのです。これはと思う作品に出会えれば、配給会社などに問い合わせて上映の交渉をする。

海外の映画探しはもう少し大変です。特に三十年前はSNSが発達していなかったため、いい映画は足を使って見つけるしかありませんでした。足を使って見つける、というのはまさにその言葉どおりで、とにかく海外の映画祭にたくさん足を運ぶのです。

映画を選ぶわかりやすい基準のひとつに「ローレル（月桂樹）マークがついている作品かどうか」というのがあります。みなさんも、映画のポスターやチラシ、ウェブサイトなどに、映画祭のグランプリをはじめ、各賞の受賞を示す月桂樹の葉っぱのロゴマーク（ローリエとも言います）がついているのを見たことがあるのではないでしょうか。賞を受賞しているだけあって、それらの映画は、実際にどれもすばらしい作品が多い。そのため、各映画祭における作品の受賞歴は必ずチェックし、実際に観て、そのまま上映の交渉をすることもよくあります。

映画を観ていると、最初の十分か二十分ぐらいで「来た！」と思う瞬間があります。「いいぞ、いいぞ。最後までいい感じで終われ！」と祈りながら観たりすることも。「この映画は子どもたちが喜びそうだな」「これはあのスポンサー企業が喜びそうだな」「メディアの人が興味をもちそうだな」といったあらゆることを考えながら、上映する作品を選んでいきます。

映画集めは、本当に地道な作業です。映画をたくさん観て、その中からいいと思った作品を選び、配給会社と交渉する。映画の上映料はピンキリで、安いものだと三万円ぐらいから高いものだと何十万円、何百万円するものもある。有名な映画祭には無料で貸すのに、無名な映画祭だと数十万円取られる、みたいなこともあります。

しかし私も、最初の頃は、そんな基本的なことすらよくわかっていませんでした。

初期に私が訪問していた海外の映画祭は〈キンダー・フィルムフェスト・ベルリン〉のみでした。交渉の仕方もわからず、『テディとアニー』のような例外はあっても、基本的にはキンダー・フィルムフェスト・ベルリンのディレクターに紹介されたものばかりを上映していました。しかしそれでは、いい映画をたくさん見つけることはできません。そのことに気がついたのは、他の映画祭に足を運ぶようになってからです。世界にはたくさんの子ども映画祭があり、ベルリンで上映されていなかった映画の中にも、すばらしい作品があることがわかってきたのです。足を使って回れば回るだけ、いい映画と出会えて、映画祭の独自性も打ち出せる。それがわかると、私は時間と予算の許す限り、世界じゅうの映画祭を見に行くようになりました。

――インターネットで公募する

各地の映画祭に足を運べば運ぶほど、いい映画との出会いがある。これは間違いありません。ただ昔と違うのは、今はインターネットが普及し、ネット経由で送られてくる作品も増えているという点です。

キネコが利用しているのは、映画祭の応募管理プラットフォーム「フィルムフリーウェイ（FF）」です。FFには約一万件の世界各国の映画イベントが登録されています。このサイトに映画祭の概要や開催地、開催日時、対象年齢などを登録しておくと、世界じゅうからたくさんの作品が集まってくる。キネコでは、FFだけで百本以上のエントリーがあり、多い年には五百本もの作品が集まったこともありました。

FFがいいのは、応募者からエントリーフィー（参加費）がもらえることです。自主制作した作品をキネコに応募したいと思った人が、お金を払ってエントリーしてくれるのです。

エントリーフィーの値段は、映画祭側で自由に設定することができます。締切の三ヶ月前だと早割りで安く、ぎりぎりだと高くなるというふうに、ディスカウントも可能です。このエントリーフィーは、映画祭にとって貴重な収入源にもなっています。

海外の映画制作者の間では、FFを使って自分たちでつくった作品と相性が良さそうな映画祭を探し、エントリーするというのが当たり前になりつつあります。しかし、なぜか日本ではあまり普及しておらず、日本の映画祭で登録しているのは、キネコのほかに三つほどしかありません。キネコは数少ない日本の映画祭で、しかも子ども映画専門ということもあって注目度が高く、応募数がとても多いのです。特に近年は、世界から見ても注目の映画祭になっているため、作品のエントリー数もどんどん増えています。

全世界とはいえ、毎年、そんなにたくさんの映画がつくられているのかと驚く人もいるかもしれません。FFには、ありとあらゆる作品がエントリーされます。プロが休暇中につくったクオリティの高い作品もあれば、大学生が自主制作した作品もある。怪獣がただ「ガオー」とやっている、子どもと一緒につくったホームビデオのようなものも、普通に送られてきたりする。その中から映画祭で上映できる質の高い映画を探し出すのは、スケールの大きい宝探しだなといつも思います。

ちなみに、どうしてもエントリーフィーが払えないという方からメールが来ることがあります。本当に払えないのだなということが文面から伝わってきたときには「とりあえず送って」と言うようにしています。アーティストが必死で伝えたい作品なのだとしたら、それはお金をもらわずとも、とにかく観たほうがいいと思うからです。

上映する映画はどう選ぶのか

ＦＦを通じて送られてきたすべての作品に、自分で目を通したいのですが、ディレクターとしての仕事がほかにもたくさんある中で、数百本も届く映画を全部観るというのは、不可能です。そこで、何人かのプログラムスタッフに映画のセレクトを手伝ってもらっています。

まず、二人のスタッフが全部の応募作品を観て、数十本程度に絞る。その数十本をさらに数名のスタッフが観る。プログラムスタッフは、二重丸、丸、三角、バツとリストに評価を記入し、私はそのリストの結果を参考に、気になった映画をピックアップして観る。評価が高いものから順番に観るというわけではありません。全員が二重丸だから観てみようという場合も当然ありますが、逆に、三人バツなのに一人だけ二重丸という作品があると、なんでだろうと興味が湧いて観ることもある。全員バツがついていたら「そこまでひどいのか！」と気になるので、それも観る。そういう作品は、上映したときに高評価が得られることがよくあります。長年の経験により、私は「この映画は話題性が高い」とか「映画祭でしか上映できない奇抜な作品である」といったことが感覚的にわかるのです。得てして、一見微妙に思える奇抜な映画が、上映してみると大きな反響を呼ぶこともあります。

そうやって映画をピックアップしていき、一回目のミーティングを全員で行なう。私がピンときていなかった映画でも、ほかのスタッフから「この映画はぜひ上映したいので、もう一回観てから判断してほしい」と言われたら、必ず観て、よく考えてから答えを出します。最終的な決定は私がしますが、何度かミーティングを重ねていく中で、上映する映画が選ばれていくのです。

海外の映画祭での映画集め、国内作品の定期的なチェック、そしてＦＦの公募作品からのセレクト。いろいろな方法でいい映画を発掘し、全体のバランスも見ながら、プログラムを決める。これこそが、映画祭をつくる上で、とても重要な仕事です。

——映画祭のゲストにフェスティバル・ディレクターを招ぶ理由

今では世界じゅうにたくさんのディレクター仲間がいますが、仲間になるまでには十年近くもかかりました。理由は単純で、海外の映画祭に行き始めた頃の私は、誰とも知り合う機会がなかったからです。

実は大きな映画祭では、夕方からあちこちでパーティが開催されていることを、私はまったく知りませんでした。映画祭主催のパーティもあれば、製作会社や国が主催しているパーティもある。一日で五ヶ所も六ヶ所も開催されていて、業界関係者は、いくつものパーティをはしごするのが当たり前だったのです。

ところが私は、親交があったベルリンの映画祭ですら、招《よ》ばれていたのはメインのパーティのみ。パーティに行っても知り合いがほとんどいないので、隅っこにいるしかない。昼間は会場で映画を観て、夜はご飯をどこで食べようかと悩んだ末に、一人でファストフードを食べに行くというのがお決まりのコースでした。

なぜパーティのことを知らなかったかというと、最初の頃、私はベルリンの映画祭にしか行っていなかったから。本来ならば、年に三つぐらいは映画祭に足を運び、世界のあちこちでほかのフェスティバル・ディレクターと度々顔を合わせるうちに仲良くなって、パーティに誘ってもらえるようになるものなのです。

ほかの映画祭にも興味をもち、少しずつ足を運ぶようになった頃、知り合ったディレクターがようやくパーティに誘ってくれました。行ってみると、アジアから来たディレクターは私しかいません。彼らからは、アジアや日本の映画祭事情について、根掘り葉掘りいろいろ訊かれます。その結果、いつのまにかディレクター仲間が増え、その仲間たちが「ミツオ、行くぞ！」と言って、あちこちのパーティに連れていってくれるようになりました。私は、ようやく世界の映画祭の仲間に入れてもらったような気がしました。

仲良くなると、次は映画祭に審査員として招待してもらえます。ほかのゲストに「ミツオは日本のフェスティバル・ディレクターなんだよ」と紹介されると、またそこで、新たなつながりが生まれる。ひとつつながると、面白いようにどんどん人脈が広がっていくのです。

こうした経験を通じて、私は大事なことを教えてもらいました。映画祭は各国のフェスティバル・ディレクターをゲストに招ぶのが重要なのだ、と。

映画業界における彼らの影響力は計り知れません。各国のフェスティバル・ディレクターをゲストに招んで映画祭を見てもらい、「キネコはすばらしい映画祭だったよ！」と日本の作品と一緒に発信してもらえば、それだけで世界じゅうの映画関係者に注目される。彼らに評価され、積極的に発信してもらうためにも、フロア活動やディレクター同士の交流がとても大切だったのです。こういうことも、ディレクター仲間ができてようやく知ることができました。

〝もてなすこと〟の大切さ

さらに、仲良くなったディレクター同士には、自然と「お互いさま」の関係が生まれます。

私は、自分が見に行って「いい映画祭だな」と思ったら、翌年に、その映画祭のディレクターをキネコに招待するようにしています。するとさらに翌年には、今度は日本の作品と監督・アーティストを招待してくれる。こうしてできていくつながりが、のちのち本当に大切になります。

例えば、できるだけ多くの関係者に世界の映画祭がどれだけすばらしいか、私たちがどんな映画祭を目指しているのかを口で説明しても、なかなか伝わらない。それよりも、実際の映画祭を見てもらったほうが話が早い。そこで、海外の映画祭にスポンサーや関係者を連れて視察に行くことがあります。そんなとき、ディレクター同士のつながりがあると「キネコの支援者をそちらの映画祭に案内するからよろしく頼むね」と言えば、高待遇を約束してくれます。現地に着いて彼らを紹介すると「おー！　日本のキネコ、どんどん大きくなってること知ってます！」と、ちょっと大袈裟に褒めてくれたりもするのです。

関係者に海外の映画祭を見てもらい、ディレクターをはじめ、現地の方々とコミュニケーションをとってもらうと、みなさん、帰国後に「すごくよかった。いい映画祭だった！」と熱く語ってくれる。そしてキネコも同じようにいい映画祭にしていこうという思いを共有することができるのです。

誤解を恐れずに言うと、映画祭で大切なのはこうした〝おもてなし〟です。上映する映画の質や企画内容のレベルが高いことは大前提ですが、夜は交流会を開催し、地元の方々や子どもたちと触れ合う機会を設けるなど、きちんとしたアテンドがあることで、ゲストはより映画祭を楽しむことができる。そしてそれが、映画祭の評価につながっていく。

こうしたゲストのアテンドは、海外の映画祭ではそれ専門の担当者もいるぐらい、当たり前の習慣です。ただ、日本では一見無駄遣いに思えるアテンドに経費を費やすことに対して懐疑的な声が多く、規模があまり大きくできていないのが実情です。その点については、今後の課題だと思っています。一人でも多くの海外ゲストを招待してしっかりもてなすことができれば、キネコを愛してくれる関係者もそれだけ世界じゅうに増えていく。キネコの名前を広めて、国際的な評価につなげていくためにも、もてなしを充実させていくことは必要なことだと考えています。

ジッフォーニ国際映画祭との出会い

イタリアに、世界でも有数の子ども映画祭のひとつ〈ジッフォーニ国際映画祭〉という、歴史の長い映画祭があります。ジッフォーニのディレクター、クラウディオ・グビトシさんは厳しいことで有名で、私などが気軽に近づいたりできない人でした。しかし、五十年以上も続いているだけあって、本当にすばらしい映画祭なのです。

ジッフォーニ国際映画祭が面白いのは、毎年、世界じゅうから数千人の子どもたちを招待し、近隣の一般家庭にホームステイしながら映画祭に参加してもらっているところです。

世界じゅうの子どもたちに映画体験を提供し、地元の子どもたちは世界各国の子どもたちとの交流を通じて、国際性を養っていく。その上、この映画祭のために建てられた建物がいくつもあって、ハリウッド俳優が大学生向けにボランティアで講演を行なったりもする。これはまさに、まちや国が子どもたちのことを思い、協力しないとできない映画祭の形でした。だから私は、キネコの関係者にジッフォーニ国際映画祭を見てもらいたいと思ったのです。

しかし、厳しいクラウディオさんにゲストを案内したいといきなり言っても、簡単には受け入れてもらえません。そこで、何年もジッフォーニへ通い、信頼を得るところから始めました。二〇一七年の第二十五回キネコ国際映画祭は、ジッフォーニ国際映画祭の五十周年を記念し、名誉賞受賞者としてクラウディオさんに来日してもらいました。クラウディオさんは、個人で映画祭を始めて大きくしてきた方です。ですから、私が当日会場で走り回っている姿を見て「昔の私を見ているようだよ」と言って、応援してくれました。その結果、翌二〇一八年にはキネコの重要な支援者をジッフォーニへ連れて行き、しっかりアテンドしてもらうことができたのです。

お互いの映画祭に招待しあい、関係者のアテンドを頼めるようになるまでに、最低でも三年は必要です。ジッフォーニ国際映画祭にいたっては、十年近くかけて協力体制を築きました。私にとっては、そうまでしてもぜひ観てもらいたい、すばらしい映画祭だったからです。

こういうとき、関係性づくりは焦ってもうまくいきません。しかし、関係者を視察に連れていくことは、それだけの手間をかける価値があることです。世田谷区や東急は、芸術文化に関心が高いからこそ、海外のレベルの高い映画祭を案内したら、ますます映画祭の可能性を感じて、一緒になってキネコをつくりあげてくれるのではないかと期待していました。

少なくともアジアでいちばんの映画祭にならなくては、世界からは注目されません。だからこそたくさんの関係者に、世界有数の子ども映画祭のすばらしさを知ってもらい、目指す目標を共有することは、映画祭を発展させていくために、とても大切なことなのです。

お手本は海外の映画祭

私は、海外の映画祭から、映画祭を成功させるための多くのヒントを得てきました。実はキネコで企画してきた催し物には、ほかの映画祭を参考にしたものが数多くあります。

映画祭にはそれぞれ個性があり、どの映画祭に行ってもすばらしい企画がある。だから行くたびに来年はこれを真似してみようとか、このアイデアを使わせてもらおうとか、たくさんの刺激を受けています。

今、私が目標としている映画祭は、先に紹介したチェコの〈ズリーン国際映画祭〉です。ズリーンは、国際子ども映画祭としては世界最大規模の映画祭で、毎年、三百本ほどの映画を上映しています。キネコが四、五十本ですから、その規模の大きさがわかるのではないでしょうか。会場規模は二子玉川と同じぐらい。歩ける範囲内に、たくさんの催し物が用意されていて、公園の中でワークショップが行なわれていたり、大学のキャンパスが野外上映に使われていたりと、まち全体が映画祭の会場になっていました。それを見て、私がやりたい映画祭はまさにこれだと思い、以来、ずっとお手本にしています。

ポーランドの〈アレキノ国際映画祭〉は、静粛で落ち着きのある映画祭です。アレキノでは忘れられない体験があります。『フロッキング』という、女子高生が同級生にレイプされてしまうという過激な内容の映画を、現地の高校生と一緒に観たのです。観終わった後、誰もが声も出せずに凍りついていました。そのぐらい強烈で、恐ろしい映画だったのです。やがて、静まり返った会場に先生が現れて「みんなどうだった？」と訊き、そこから生徒たちとのディスカッションが始まりました。映画を通じて家族とも友人とも気軽に話せないことと向き合い、こんなときはこうしようとか、こう思うということを話し合っていく。映画祭は、そのための場として機能していました。

日本は、子どもたちに惨《むご》い現実はなるべく見せないようにと考える国です。だから、この映画を日本で上映しようとしたら、きっと止められるだろうと思いました。しかし、私はこの体験を通じて、映画祭は子どもたちの身近に起こりうる問題を映画を通じて学ぶ大事な機会でもあるということを痛感し、それは子ども映画祭の大切な役割だと思うようになりました。

ヨーロッパの子ども映画祭は、ひとことで言うと「神聖」です。派手ではないし、規模もそれほど大きくない映画祭が多い。しかし、フェスティバル・ディレクターが熱い思いをもって、神聖な場をつくるという上映スタイルを貫いていることが多いように感じます。

アジアでは中国や韓国の子ども映画祭に行ったことがあります。中国は毎年会場となるまちが変わりますが、ある年は政府から七、八億円ほどの予算をもらって開催していました。ただしそのうちの九割の使いみちは、映画祭以外のＰＲにも使われていると聞いています。例えば、いわゆる〝抗日映画〟と呼ばれる、日本の帝国主義的侵略に抵抗する内容の映画が多いというのも、そうした傾向のひとつです。ただ、中国の映画祭の関係者はみんなとてもいい人で、日本のことも大好きです。彼らは「いつか日本のキネコのような映画祭がつくりたい」と私に囁《ささや》いています。

中東も、映画がたくさん制作されている地域。イランは映画大国で、実は国際子ども映画祭連盟（CIFEJ）の本部はイランにあります。金融制裁でイランの銀行には送金ができないので、会費はどこかの映画祭で会ったときに直接渡しています。コロナの影響でしばらく映画祭に出掛けることができなかったため、先日、久しぶりに〈ズリーン国際映画祭〉へ行ったときに、三年分の会費を渡してきました。それぞれの国にはいろいろな事情があるかもしれませんが、映画を愛する者同士、国境はありません。

日本では、イランはミサイルが飛び交っていて、残虐で、怖い国というイメージがあるかもしれません。けれども実際に行くと、みんなのんびり平和に暮らしていて、穏やかです。週末は家族でピクニックに行ったりもするし、日本からきた映画祭関係者というだけで、見知らぬ人が手厚くもてなしてくれました。日本に入ってくる情報と実際の国の様子はずいぶん違うということがよくわかります。

映画祭は、スポンサーや自治体、ときには国家と一緒につくりあげていくものです。風土、地域性が反映されており、誰もがさまざまな葛藤の中で映画祭を運営しています。それでも目指す目標を見失わず、本来あるべき映画祭の姿をどこまで妥協せずにつくれるかが重要になってくる。それができている映画祭はやはりすばらしいと感じます。近年のキネコは、逆に目標とされる映画祭になってきましたが、世界じゅうにはまだまだすばらしいお手本がたくさんあります。それに負けない映画祭をつくりたいと思う気持ちを忘れないようにしています。

――キネコは「ライブ」だ

キネコ国際映画祭は、当日、プログラムをその場でどんどん変更していきます。ライブシネマだけでなく、進行もライブ。これは私のこだわりです。

一時間で数本の短編映画を上映するプログラムがあるとしたら、子どもたちの様子を観察しながら、その場でどんどんプログラムの順番を変えていきます。子どもたちが飽きてきたなと思ったら、上映順を入れ替えて人気のある映画を先に上映することも。毎年ＭＣをお願いしているクラウンの〝ジョーイ〟に早く舞台に出てもらい、あとでやる予定だったレクリエーションを前にもってくるなどして、気分転換を図ることもあります。マイクの音量やレクリエーションのときの音楽のボリュームも、場の雰囲気を見ながら細かく調整します。

また、映画の上映時には、シーンに合わせて音量の調節もしています。感動的なシーンは音量を上げ、声優さんのセリフが多いところは原音を少し下げる。上映中は音響スタッフに演出スタッフが張り付いて、細かい指示をずっと出しています。演出や音響の良し悪しは、その映画の感動を伝えるのに大きく影響します。実際、音響によって効果的な演出ができたときには、会場にいる子どもたちは集中して映画を観始める。何百人、何千人という人々を感動させているあの瞬間はとても楽しく、もっともやりがいを感じている仕事でもあります。

台本に沿って、機械的に決められたとおり進行することもできますが、それではいい感動が生まれません。手を抜かずに丁寧に演出していくことで、完成された贅沢《ぜいたく》なプログラムが出来上がるし、観終わった子どもたちが会場から出ていくときの様子が見事に変わる。「あー面白かった!」と言いながら、楽しそうに出ていくのです。たった一時間のプログラムでも、会場の雰囲気や子どもたちの様子を見て瞬時にどうするかを決めていく臨機応変なスキルが必要で、楽しい反面、とても難しい仕事ですが、お金をかけなくても工夫できることは、本当にたくさんあるのだといつも思います。

演出スタッフが会場に張り付かなければいけないので、ここまで細かく、ライブでプログラムをつくりあげる映画祭は少ないだろうと思います。キネコが今、世界的な評価を得られるようになってきたのは、こうした小さな努力の積み重ねの結果でもあるのです。この先、こうしたスキルをもつスタッフがたくさん育っていけば、さらにいい映画祭になっていくはずです。

私は、何か大きなイベントをやるときに、早い段階から企画をパッケージとして決めてしまうと、つまらなくなるだろうと思っています。ギリギリまでつくり込むからこそいいものができる。結論を急ぎすぎるのもよくありません。

キネコ国際映画祭はひたすら「ライブ」な映画祭です。演出も、KLA's（KINEKO LIVE ACTOR's）の素晴らしい吹き替えも、すべてがライブ。いいものをつくるためにはそうあるべきだと、私は思っています。

何千回も言った「映画祭やりませんか？」

前にも書きましたが、映画祭は大金がかかるのに収入源はごくわずか。チケット代やFFのエントリーフィーはそこまで高額ではなく、爆発的に増えることもない。そうなると、スポンサーをいかに獲得するかが、映画祭の未来を左右するカギになります。スポンサーが集まらなければ、やりたいことを諦めたり、規模を縮小せざるをえなかったり、最悪の場合、開催できなくなることもある。映画祭づくりでいちばん楽しい仕事が映画集めだとしたら、いちばん大変な仕事はお金集めです。ですから、映画祭をやる上で営業のスキルはとても重要です。

私はずっと営業の仕事をしてきましたから、映画祭の運営には向いていたのかもしれません。営業は得意ですし、仕事自体もとても好きです。けれどもいくら得意だといっても、いつもうまくいくわけではありません。どれだけ子ども映画祭の必要性を説いて、協賛してほしいとお願いしても、相手がメリットを感じてくれない限り、そう簡単には受け入れてもらえないからです。

初期の頃にうまくいかなかったのは、私に原因がありました。当時は自分が営業で伝えられるものは熱意しかないと思っていたので、プレゼンの内容もひどかった。思いが先走って「子どもたちのためでしょう！」と、一方的に押し付けるような言い方をしていました。そんな人間には誰も共感してくれないし、お金も出してくれません。間違いをたくさん犯しながら、何がいけなかったのか、どういう伝え方をすればわかってもらえるのか、徐々に気づいて変わっていきました。

このように私のプレゼンのスキルは、失敗と成功を繰り返しながら、三十年かけてつくりあげてきたものです。そもそも映画祭の営業を一人でやること自体に無理があり、とっくの昔に限界を超えていました。しかし、たとえ限界を超えていたとしてもスポンサーを得られなければ、映画祭は開催できなくなってしまう。このままでは開催できないというところまで追い込まれるたびに、どうすればスポンサーが集められるのかと、必死になって考えていました。

気がつくと、目が合った人には誰にでも「映画祭やりませんか？」と話しかけるようになっていました。ともかく喋り尽くす。誰にでも話す。ちょっとでもお金をもっている人だとわかったらすぐに営業する。ゴルフ場で知らない人とプレーしている間にも「この人は偉い人かな」「お金をもっている人かな」と考え、高いクラブを使っているとわかった瞬間「映画祭に興味ないですか？」と話しかけていました。それこそ何千回と、そんな声かけをやっていました。失敗して落ち込むこともよくありましたが、本気で協賛金を集めたいと思ったら、そのぐらいやらないとダメなのです。冷たくあしらわれると毎回めげるのですが、それでも諦めずに何度でも行くチャレンジ精神が成功の秘訣《ひけつ》なのでしょう。

ドタバタ劇

これまで、本当にたくさんの人に助けてもらってきました。多くの人の協力や助けがあり、その人たちと楽しく気持ちよく仕事ができることが、映画祭のクオリティにも直結しています。ただ、私はなんでも一人で決めて、自分で動いてきたこともあって、チームで何かやるというのが苦手です。慢性的な人手不足もあって、毎年のように事件やトラブルが起き、ドタバタ劇を繰り広げてきました。参考までに、そんな反省点も紹介したいと思います。

初期は、私が一人で仕切っていて、あとはボランティアがいるだけでした。そんな状態では、チケットもうまくさばけないし、当日のお客さんの誘導もうまくできない。だからよく「ボランティアだけでやっている映画祭」「運営がうまくいってない」と、SNSなどに書かれました。そのとおりなので返す言葉もありませんでしたが、とても悔しかった。ある上映では、千二百席のうちの三百席をダブルブッキングしてしまいました。そこまでやらかすと、ひたすら謝るしかありません。最初に舞台に出ていって「すみません、ダブルブッキングしてしまいました」と頭を下げたことは、忘れられない苦い思い出です。たくさんの人をがっかりさせ、怒らせてしまった。そう思ってパニックになり、その後の記憶はまったくありません。

規模が大きくなってからは、アルバイトを雇うようになりました。通年での雇用は難しいので、六ヶ月前、三ヶ月前、二ヶ月前と、少しずつ必要な人材を採用していきます。たくさん人が雇えたらいいものがつくれることは間違いないのですが、人件費を払う余裕はないので、最低限、本番に必要な人材を揃《そろ》えるために、二ヶ月前にギリギリで大量採用していたのです。

私はディレクターとして、アルバイト一人一人に「あなたは海外審査員の審査会議を担当してください」「あなたは海外ゲストをホテルまで案内してください」と役割分担していきます。過去の資料も渡して、こういうふうにやるんですよと、説明もする。しかし、あとは個々で判断して動いてくれというやり方なので、みんなどう仕事していいかわからず「これで本当に映画祭ができるのだろうか？」と不安になってしまう。

映画祭の仕事に決まった型というものはありません。自由な分、自分で判断して動かなければいけないのですが、それが意外に難しい。一生懸命やっていてもうまくいかなかったり、そもそも何をすればいいのかがよくわからず、本番直前に「ところで私は何をやるんでしょうか」と訊いてくる人がいたり、休憩に入ったあと、そのまま戻ってこなかった人もいました。

私はアルバイトの前では「これ完璧だよ！」とか「絶対に本番うまくいく！」とポジティブな発言をしていましたが、実は自分でも自信がなくて、ちょっと大袈裟に言っていることもしばしば。それでもみんなの不安を払拭《ふっしょく》したいと、意識的に盛り上げるようにしました。怒ったり、褒めたり、励ましたり。いろいろな手法を使ってチームの士気を高めていくのも、ディレクターの役割です。

二子玉川に移転してからは、関わる人の数が一気に増え、ようやく組織としてのまとまりができてきました。もしも、私の個人プロジェクトのままだったら、今もドタバタ劇が繰り広げられていたかもしれません。たくさんの人でひとつのものをつくるというのは本当に難しいことです。三十年経っても、その点については、学ぶべきことが一向に減る様子がありません。

今後の課題は人材育成

ディレクターの仕事は、まだまだたくさんあります。映画祭の台本や進行表もつくりますし、パンフレット代わりに制作しているタブロイド紙は、映画祭全体のイメージにも直結するので、かなり力を入れて制作しています。

普通、国際映画祭では分厚いパンフレットをつくって配ることが多いのですが、たとえ豪華なものをつくっても、きちんと見てくれるのはごく一部の人だけというのが実情です。それなのに、パンフレットをつくるお金は何百万円もかかります。それならば、もっとみんなが見てくれる、コンパクトで手軽なものにしたほうがいいのではないかと思い、キネコでは、タブロイド紙という形態を選びました。

特にデザインのテイストやページ割りなどは、どれだけ忙しくてもほかのスタッフに完全に任せることはせず、妥協しないでつくってきました。こだわりは、アメリカふうのデザインにすること。これは昔アメリカで暮らしていて、現地のタブロイド紙の英字のデザインが大好きだったからです。我々の世代は、どうしてもアメリカに憧れて育ったところがあります。

このように、フェスティバル・ディレクターには、全体の企画を考え、すべての物事の最終決定をするという重い責任があります。それがやりがいである反面、とても大変で、正直きつい。毎年のように「ああ、誰か代わってくれないかな」と思ったりもしています。

これまで書いてきたとおり、ノウハウは、すでにしっかり自分の中に構築されています。だからある意味で、これをもとにすれば映画祭はつくることができる。ただ、ノウハウはあっても、規模が大きくなればなるほど、それを一人でやるのは不可能です。今後は制作、クリエイティブ、営業など、各分野のプロフェッショナルとなる人材の育成が急務だと考えています。今はまさに、その改革の真っ最中です。

いちばん大切なのは「志」

フェスティバル・ディレクターとしてのスキルとノウハウをゼロから身につけ、喜劇のような失敗もトラブルもたくさん経験しました。呆《あき》れて離れていく人もいましたが、その分、キネコを大切に思い、長く関わってくれる関係者も増えました。美術制作のプロである春山知久さんは、三十年前から関わってくれているスタッフです。私とは何度も衝突しましたが、最後に頼れるのは結局春山さんだけ。彼を筆頭に、ぶつかりながらキネコをつくってきた仲間は、とても大切な存在です。ほかにも、ライブシネマに出演してくれている KLA'sの約二十人の声優さんたち、MCのジョーイやバイオリンのむっちゃん、映写会社の鈴木映画の方々、戸田恵子さんや中山秀征さん、横山だいすけさんや高橋克典さんなどの俳優や、その他技術のみなさん。十年も二十年も関わってくれている人が、本当にたくさんいます。

そうやって長く関わってくれるのは「志が合う」人たちだからなのだと思っています。お金は関係なく、映画祭を楽しみ、この映画祭をいいものにしたいと考えている人は、なんだかんだとずっと関わってくれる。私もそういう方々には、キネコの場を使って好きなことを自由にやってもらいたいと思います。ディレクター仲間のネットワークと同じように、何かをつくっていくときに大切なのは、お互いに信頼し合い、助け合える人間関係です。

ノウハウはもちろん必要ですが、そこに気持ちがないと、やはりいいものは生まれません。気持ちが通い合っていると、不思議といろいろなことがうまく回り始める。キネコは本当に、そういうすばらしい「志」をもつ人々に恵まれ、支えられています。何事も、最後の決め手になるのは人と人のつながりと、そこに込められた「信頼」です。

そのことを痛いほど理解できたのは、次章に書かれる、二子玉川に移転したあとのことです。真の国際映画祭に脱皮していく過程には、再びさまざまなドラマと事件がありました。

横山だいすけ

キネコ国際映画祭は、二〇一七年ごろ、当時、映画祭の運営を手伝っていた知人から話を聞いて知りました。コンセプトがすばらしく、こんなに魅力的な映画祭が日本にあるのかと驚いたのです。僕自身も映画が大好きで、歌を好きになったのも『青きドナウ』というウィーン少年合唱団の映画を観たことがきっかけでした。だからぜひ、僕も子どもたちが世界じゅうの映画に触れるお手伝いがしたいと思い、参加しました。

正直にいうと、子ども映画ということだったので、アニメのように楽しくてわかりやすい作品がたくさん上映されるものだと思っていました。ところが実際には、子どもの世界で現実に起こっている問題や心の中の疑問をテーマにしたものなど、子どもも大人も、誰もが考えさせられる内容の作品がたくさんあった。それが衝撃的でした。また、ライブシネマが非常に面白かったんですね。お客さんがどんどん作品に引き込まれていく感じが、演じている僕らにもはっきりとわかる。あの臨場感は、会場に来て体験した人しか味わえないものだと思いました。

僕は、関係者みんなの「キネコ国際映画祭を成功させたい」という思いの強さには「ファミリー」という言葉を使ってもいいほどのつながりを感じています。たひらさんが、子どもの頃に映画から受け取ったものが大きいからこそ、映画に触れる機会をつくりたいと三十年間も子ども映画祭をやり続けてきた。その熱量と思いは確実にみんなに伝わっているし、みんなが共感しているからこそ、キネコ国際映画祭は温かい場所になっていると感じます。

今後は、規模はともかくとして、四十七都道府県を巡礼する勢いで、全国各地で映画祭や映画上映会をやってほしい。僕も、子ども向けのファミリーコンサートをやっているのですが、地方にお住まいの方から「なかなか気軽に行けない」という声をよく聞きます。そんなご家族にも映画が届けられるよう、キネコがなるべく近くまで行ってあげてほしい。その集大成として、二子玉川で本祭をやったら、また違った広がりが生まれていくのではないでしょうか。

もちろん僕も協力しますし、映画が好きだという気持ちと子どもが好きだという気持ちを、キネコ国際映画祭の成功につなげていきたい。これからも、キネコファミリーの一員として、ともに歩んでいきたいと思っています。（談）

（よこやま・だいすけ　キネコ国際映画祭スペシャル・サポーター）

第四章

真の国際映画祭になる

――勝負の三年間

満を持して二〇一六年、〈キネコ国際映画祭〉は、開催地を二子玉川に移すことになりました。本当の意味での国際映画祭としてのスタートは、ここだったと思っています。東急という大企業が後ろ盾となってくれたことは、それだけで国際映画祭としての信用につながりました。例えば映画館やホール、広場や河川敷など、まちじゅうのさまざまなエリアが会場として使えることになりました。これは、とても大きな転換点でした。

「キネコを真の国際映画祭にする」という目標の達成が現実味を帯びてきたことで、私は「ここで思いきって勝負をかけなければいけない」と決意しました。東急としてもキネコを誘致したものの、実際にどうなるかについては、半信半疑のところがあるはずです。その疑念を打ち消すためにも、是が非でも成功させなければなりません。

それまでは、ほそぼそとやっていても、誰からも何も言われませんでしたが、東急が一緒にやるからにはクオリティを下げることはできない。そう考えるとやるべきことはいくらでもありました。立派なスポンサーボードを立てたいし、長いレッドカーペットも敷きたい。海外のゲストをたくさん呼びたいし、ワンデーカンファレンスや華やかなパーティも実現したい。催し物がいっぱいあって、子どもたちの笑顔が溢れ、まちじゅうが賑やか

夢を育てる世界の映画を子どもたちへ
キネコ国際映画祭
2016 & TIFF
KINEKO
International Children's
Film Festival
11/2(WED)-11/6(SUN)in二子玉川
会場 109 シネマズ二子玉川（シアター1・2）/ iTSCOM STUDIO & HALL 二子玉川ライズほか
入場料金 2歳以下のお子さまは無料※1
チケット 前売券※2 当日券 リピーター割引※3
子ども（3歳～17歳） 300円 500円 400円
大人（18歳以上） 700円 1,000円 800円
当日券購入方法
各会場の特設チケット売り場にて販売いたします。
前売券予約方法
受付期間 10/10（月・祝）～10/31（月）17:00まで
公式HP（URL: http://www.kinder.co.jp）のトップページ→「チケット販売」→申込みページよりお申込みください。
毎日来たくなる映画祭！
特別割引券
※このチラシを当日チケット売り場で引き換えると、小学生以下のお子さま1名分、300円でご入場いただけます。
ジェネラル・ディレクター
戸田 恵子 さん

第24回（2016年）の広報用タブロイド紙より

になる。二子玉川という洗練されたまちに合った、文化的で充実した映画祭を演出してみせようと思いました。

閃いたのは、オープニング・セレモニーで〈キネコ国際映画祭〉と大きく書かれた熱気球を揚げることでした。そこで国土交通省や世田谷区、消防署や警察署などと粘り強く交渉を重ね、河川敷にある世田谷区立兵庫島《ひょうごじま》公園が使用できることになりました。熱気球には戸田恵子さん、中山秀征さん、高橋克典さんの三人のスペシャルゲストに乗ってもらい、駒澤大学マーチングバンド部の生演奏が繰り広げられる中、空から降りてきて、レッドカーペットを歩き、ステージへと上がってもらうことに。三人が吹き替えするライブシネマの上映も行ないます。国内外からゲストを大勢招待し、多くのメディアに取材に来てもらえるよう働きかけました。

こうしたアイデアをすべて実現するとなると、その分お金がかかります。それまでの予算は二、三千万円。しかし二〇一六年以降は、一気に五千万円から六千万円ほどに跳ね上がりました。その増えた分をどうしたのかというと、年間三千万円程度を会社と私個人の持ち出しで補うことになりました。もし失敗したら、多額の借金だけが残る。これは、のるかそるかの大きな賭けでしたが、二〇一六年、二〇一七年、二〇一八年の三年間は、とにかく多少の無理は厭《いと》わず、必要だと思ったことはすべてやりました。

そこまでした理由はふたつあります。ひとつは、東急にキネコはここまでできるのだというところを示し、信用してもらうこと。もうひとつは派手に大風呂敷を広げて、理想の映画祭を実際に見せることで「将来、こんな映画祭をみんなでつくりたくありませんか？」と訴えるためでした。たくさんの人に、理想の映画祭を体験してもらおうと思ったのです。

——カオスとなったオープニング・セレモニー

その結果、二〇一六年のオープニング・セレモニーは盛大で、国際映画祭の名にふさわしいすばらしいセレモニーとなりました。ただしそれは表から見ればの話で、裏側はてんやわんや。またしてもドタバタ劇が繰り広げられていたのです。

実は二〇一六年は、規模が拡大したこともあり、初めて舞台監督を雇いました。大手広告代理店に勤めていたベテランで経験も豊富とのことだったので、安心して任せていました。進行台本は本番一週間前には完成し、みんなで何度も打ち合わせして、準備は完璧だったはずでした。

ところが、誰も予想していなかった事件が起きました。その舞台監督が、あろうことか本番直前に失踪してしまったのです。どうやら実際の現場を見て、あまりの規模の大きさと仕切らなければならない内容の多さに、怖くなって逃げ出してしまったようです。

その知らせが入ったとき、私はホテルまでゲストを迎えに行き、車で兵庫島公園に移動している最中でした。トランシーバーからは「舞監《ぶかん》どうした？」「いつ始まるんだ！」「メディアがまだ待たせるのかと怒ってます！」というスタッフ同士の悲鳴にも近いやり取りが聞こえてくる。私は車内のトランシーバーを使ってＭＣに進めてもらうように指示を出しましたが、あちこちで混乱が起きて、統制がとれていない状態です。会場に着くと、本当に、まったく何も進

熱気球とマーチングバンド（第24回）

んでいない。急きょ私が舞台に上がって挨拶し、進行していきました。

さらに最悪だったのは、進行がストップしている間、熱気球は戸田さんたち三人を乗せて、三十分近く宙に浮かんだままになっていたことです。この日は凍えるように寒い日で、高度が上がり、風が直接当たると体感温度はさらに下がる。しかも頭上では熱気球用のガスボンベから、炎がゴォーとものすごい音を出して噴き出している。本来であれば、一回の飛行は十分が限界。そんな状態で、三十分も大切なゲストを空の上で待たせていました。

慌てて熱気球を降ろし、マーチングバンドの演奏もすぐに始めてもらい、二十分遅れでオープニング・セレモニーはスタートしました。三人ともプロですから、ステージ上ではにこやかに振る舞ってくれました（口絵参照）。しかし、ふと見せる表情から、呆れてしまっていることが伝わってきました。

広がる〝キネコファミリー〟

オープニング・セレモニーが終わり、夕方のパーティが始まってしばらくした頃、戸田さんのマネージャーの牧野さんからケイタイにひとこと「戸田が〝あなたと怒りのあるうちに会いたい〟と言っている」と連絡がありました。その瞬間、目の前が真っ暗になり「ああ、どうしよう」と頭を抱えました。何を言われるのだろう。そう思うと憂鬱《ゆううつ》でしたが、怒られるだけのことはしでかしているので仕方ありません。覚悟を決め、二十一時に渋谷で会う約束をしました。

ところが恐る恐るやってきた私に、戸田さんは怒るどころか「もっとなんでも言ってよ。これからは私を捕まえてちゃんと相談して」と諭《さと》してくれたのです。起きてしまったことに対して、大丈夫なのかと心配して、今後は同じことが起きないようにと心を寄せてくれていました。

中山さんも高橋さんも同様に、翌年からの改善点を、一緒になって考えてくれました。高橋さんからは「舞台監督を入れたほうがいい」と指摘され「本当はいたんです！」と言うと驚いたように笑っていました。三人の懐の深さには本当に救われました。

キネコには、戸田さんを筆頭に、ほぼ毎年参加してくれているタレントの方々がいます。中山秀征さんは、戸田さんからの紹介で、二〇一一年から十二年間、参加しています。子どもをもつ親として、キネコ国際映画祭のコンセプトに共感し、応援し続けてくれているのです。

高橋克典さんは、二〇一五年に渋谷で開催した映画祭を家族で観に来たあと「来年はぜひ参加したい」とわざわざ連絡をくれて、翌年からは吹き替えにも参加することになりました。

横山だいすけさんは知人でもある当時のキネコスタッフから声をかけられたことがきっかけとなり、二〇一七年から参加しています。〝歌のお兄さん〟のイメージが強い横山さんですが、歌に興味をもったのは、実は映画がきっかけだったとのこと。子どもが大好きなことはもちろんですが、映画への思い入れも人一倍強いのです。

第26回（2018年）の広報用タブロイド紙より

そして戸田さん、中山さん、高橋さん、横山さんの四人は、毎年必ずキネコに参加できるよう、早くからスケジュールを押さえてくれているのです。

横山さんが、キネコ国際映画祭に参加しているタレントのみなさんを〝キネコファミリー〟と命名し、最近はそれがすっかり定着してきました。二〇二二年三月と十一月の第二十八回、第二十九回映画祭は、井ノ原快彦さんや齊藤工《たくみ》さん、イモトアヤコさんなど、新たな参加者も増えました。映画祭の可能性を信じ、応援してくれるキネコファミリーの輪は、どんどん広がり続けています。

――世田谷区が共催になる

何度も言っているように、地域に根付いた映画祭が、私が思い描く理想の映画祭です。ですから、二子玉川で開催するのであれば、地元自治体である世田谷区の協力は必要不可欠です。

実はキネコは、もともと世田谷区とのつながりがありました。世田谷区が毎年開催していた〈せたがや子ども映画祭〉という小さな映画祭があり、その企画制作を、キネコが手掛けていたのです。二日間で計四回のプログラムを上映し、千二百席の会場にのべ四千人を入れるという内容でしたが、無料ということもあり、会場は毎年満席。大変好評で、十年ほど続いていた人気イベントでした。

こうした小さな映画祭や上映会は、全国各地にあります。キネコでは、〈せたがや子ども映画祭〉以外にも、二〇一六年から続いている東京国際映画祭の〈ＴＩＦＦティーンズ映画教室〉、〈練馬アニメカーニバル〉や〈せいせき桜ヶ丘ラスカル子ども映画祭〉など、いくつかの映画祭を制作しました。年に五、六件の企画制作を請け負い、こうした仕事の利益を本祭の経費に回していたのです。

ただ、二子玉川に移転してからは仕事が膨大に増えて時間の余裕がなくなり、こうした地方上映の企画を断らざるをえなくなってきました。〈せたがや子ども映画祭〉も同様です。そこで考えたのは、同じ世田谷区なのだから、本祭のキネコ国際映画祭を一緒にやったらどうかということでした。世田谷区にその提案を持ちかけたのですが、〈せたがや子ども映画祭〉はとても評判がよいイベントで、世田谷区としては続けたかった。だから、なかなか納得してもらえません。世田谷区から見れば、私が勝手にやめたがっているという印象が強かったようで、すぐには具体的な協力は得られませんでした。

世田谷区との調整が思うように進まない中、力になってくれたのは、東急レクリエーションの菅野社長です。私と世田谷区の担当者が衝突しているのを見かねた菅野さんが直接、世田谷区長の保坂展人さんとの面談を設けてくれたのです。区役所に到着すると、菅野さんは私に、「たひらさん、見てなさい」とひと言。深々と担当者に頭を下げ、誰にも見えないところで私に目配せをしてくれました。菅野さんのユニークな指導に笑いました。区長が現れるとキリッとして、今後は東急も一緒にこの映画祭をやっていくので、ぜひ世田

FILM FESTIVAL

26th

子どもたちの

KINEKO International Children's Film Festival

MOVIE KINEKO

オープニング上映 生きのびるために THE BREADWINNER

キネコ国際映画祭

Message from Special Members

変わらないのは、子どもたちへの想い

General Director
ジェネラル・ディレクター
Keiko Toda
戸田 恵子

子どものことを誰よりも考えた映画祭

26年目を迎えたキネコ国際映画祭。世界の子ども映画祭とのネットワークも広がり、映画祭の規模も大きくなりました。でも、変わらないのは子どもたちへの想いと作品の素晴らしさです。

上映作品は「子どもに見せたいか？」。この想いがブレたことは1度もなく、時間をかけてじっくり選定されます。

世界各国から集められる作品は文化・習慣が違っても子どもたちへの想いは同じだと感じます。

親子の会話が世界観を広げる

キネコで上映する作品のテーマは家族・友情・生死・性・戦争・差別などさまざまです。ときには「え？これ子ども映画？」と思う作品もあります。

しかし、子どもの成長とともに子どもに学んでもらいたいテーマばかりです。

親が伝えることが難しいことを映画が伝えてくれることもあります。ぜひ、今回観た映画も親子で話し合ってみてください。きっと新しい気づきがあったり、新しい世界が見えてくるはずです。

A film festival with children on the first place

It's the 26th year of KINEKO International Children's Film Festival. The network with children's film festivals worldwide has spread and the festival's scale has grown. However, what doesn't change are the feelings towards children and the wonder of the films.
There is a lot of time and care put into the selection of the films, which have not once strayed from "being for children to watch".
I feel that in films gathered from all over the world, the feelings towards children are the same even if the culture and customs may be different.

Parent-child conversation Broadens the view

Films screened at KINEKO have varying themes including family, friendship, life and death, sexuality, war or discrimination. There are some films which make you doubt whether they really are for children. However, all of these are themes valuable for children to learn about as they grow up. At times, films may teach something which is difficult for parents to explain. Do try talking with your children about the films you watched. Surely you will come to notice new things and see a new world.

生きのびるために
The Breadwinner
オープニング上映作品

【監　督】ノラ・トゥーミー
（アイルランド＝カナダ＝ルクセンブルク/93分/2017）
[Director] Nora Twomey
[Ireland/Canada/Luxembourg / 93min / 2017]
【翻　訳】野中 和代
[Translation] Kazuyo Nonaka
©Cartoon Saloon

Program 11/25 Sun 16:00～
ITSCOM HALL & STUDIO ニコ玉川ライズ

戸田 恵子さんからのコメント

戦争や内戦で苦しむ国がある。作品を通じて世界情勢を知り、家族や生きることについて考える作品。アフガニスタンで両親と姉、幼い弟と暮らすパルヴァナ。ある日、家族の大黒柱である父親が刑務所に入れられてしまう。

女性が一人で出歩くことが禁止されているなか、父親を助けに行くためにパルヴァナは男の子になりすまして働きに出る。

少し難しいテーマですが、アニメーションなのでぜひ、親子で観てもらいたい作品です。

There are countries suffering from war or civil war. This is a film which shows the situation in the world and makes you think about family and living.
Parvana lives in Afghanistan with her parents, sister and baby brother. One day, her father – the main provider of the family – is sent to prison.
As it is forbidden for women to go out alone, Parvana disguises as a boy and starts working to save her father.
Although the theme is a little difficult, it's an animation, worth watching as a parent alongside your children.

真っ赤なリンゴ
Red Apple

【監　督】アナ・ホルヴァット（クロアチア/8分/2018）
[Director] Ana Horvat [Croatia / 8min / 2018]
【翻　訳】翻訳:小松 ジュディ
[Translation] Judy Komatsu
©Luma Film

Program 11/23 Fri. 24 Sat. 25 Sun 10:00～
109シネマズ

Program 11/23 Fri 16:30～, 11/24 Sat 14:40～
ITSCOM HALL & STUDIO ニコ玉川ライズ

戸田 恵子さんからのコメント

家族にはいろんな形がある。ビッキーの家族はちょっと特別。なぜならビッキーはママのお腹から生まれたのではないから。

これは養子をテーマにした作品。養女となったビッキーが自分の家族を紹介するストーリーです。どんな家族のかたちでもパパとママはいつも我が子を愛しているんだと伝えてくれます。最後に家族みんなでハグをしたくなる、心温まる作品です。

There are many forms of family. Vicky's family is a bit special. This is because Vicky wasn't born from her mom.
This is a film with the theme of adoption. Vicky, an adopted girl, tells us a story about her family.
The film shows us that regardless of the form of the family, dad and mom always love their child. It's a heartwarming story at the end of which the whole family will go for a hug.

監督　Director
アナ・ホルヴァト　Ana Horvat

監督、来日決定！

クロアチア・ザグレブ市の美術学園芸術教育部を卒業後、彫刻や写真に携わり、2005年より主にフリーランスのアニメーターとして活動。ザグレブ市でさまざまなアニメーション制作プロジェクトに参加する傍ら、養子をテーマにした児童文学作品をもとにした『Red Apple』をはじめ3作品の監督・アニメーションを担当。

She graduated from Academy of Fine Arts, department of Art education in Zagreb, Croatia. Her work includes sculpture and photography, but she mostly works as a freelance animator since 2005. She worked on various animated film projects in Zagreb and also directed and animated three films including "Red Apple", an adaptation of a children's book with the theme of adoption.

Donation　活動支援金　ご支援・ご協力のお願い

昨今の上映権料の増額や補助金等の減少により活動予算が限定的となっているのが現状です。これからも世界の素晴らしい作品を日本の子どもたちに伝える活動を継続し、さらに発展させていただけるよう、ご支援、ご協力いただきたくお願い申し上げます。キネコ公式ホームページからご寄付のお手続きいただけます。

また、期間中、会場では皆さまに募金をお願いしております。募金は来年の開催に使わせていただきます。会場内に"赤いハットの募金箱"を見つけたら、合わせてご協力のほどお願いいたします。

世田谷区が共催となった第26回（2018年）の広報用タブロイド紙より

谷区にも協力してほしいとお願いしてくれました。保坂区長はキネコ国際映画祭を歓迎し、二子玉川で開催することを喜んでいました。〈せたがや子ども映画祭〉に毎年来て、子どもたちが楽しんでいる様子を見ていたので、キネコに対する信頼は厚かったのです。それゆえ、区の文化芸術推進や子育て、教育、さらにはまちづくりの観点からも、ぜひ映画祭に協力したいとのお話でした。

保坂区長は、映画祭がうまくいくようにと、会うたびにいろいろなアイデアを出してくれました。世田谷区では二〇二一年から区立の小・中学校に通う子どもたちにｉＰａｄを配っていますが、せっかくだからそれを使って映画祭をＰＲできないか、教育委員会と映画祭がもっとしっかりタッグを組めないか等々の提言に加え、アートディレクターの森本千絵さんや元文化庁長官でせたがや文化財団理事長の青柳正規《まさのり》さんなど、現在キネコに関わっている方々を紹介してくれたのも保坂区長です。どうせならいい映画祭にしましょうと、いつも惜しみなくサポートしてくれました。

そうした区長の姿勢と、キネコが徐々にマスコミでも注目される様子を見るうちに、区の職員の方々も協力してくれるようになりました。そして二〇一八年、念願の世田谷区との共催が決まったのです。

地元自治体が共催になることは、大きなイベントにとって、とても重要で意味のあることです。イベント開催にあたっては多くの規制がかかりますが、自治体が共催になった場合、その一部が緩和されるからです。また、住民の反応も変わります。区内のお店にチラシを配布するときには必ず「世田谷区共催のキネコ国際映画祭です」と言うようにしていました。そうすると快くチラシを受け取ってもらえるのです。

今は、どこの自治体も共催を避ける傾向があります。何か問題が起こったとき、責任を追及される恐れがあるためです。そんな中、世田谷区はこれだけ大きなイベントの共催に踏み切ってくれた。キネコにとってはお金には代えられない価値あるギフトをもらったように思います。

会社倒産の危機

華やかで盛大な映画祭を演出し、集客数も増加。世田谷区の共催を得て、キネコ国際映画祭の評価はどんどん高まっていきました。しかし、それと同時に、毎年三千万円もの借金が重なっていきます。内情は火の車だったにもかかわらず、東急には赤字のことは一切伝えず「大丈夫です」と言い続けていました。

この熱意が、きっと東急に伝わるはずだ。今は大変でも、最後は絶対にハッピーエンドで終わる。映画のラストみたいに必ずいいシーンで締めくくられると、信じていました。だからこそ、ここは多少無理をしてでもやるしかないと思っていたのです。今から考えると、映画祭にのめり込むあまり、まともな感覚が麻痺《まひ》していました。なんとしても成功の絵を関係者に見せないといけない。その執念は異常というか、狂気じみていたように思います。

しかし二〇一八年の映画祭が終わったあと、とうとう銀行が会社への融資をしてくれなくなりました。会社の利益を、私が映画祭の資金に回したせいです。あと少しあと少しとやっているうちに、来月分の給料を払うお金もなくなり、このままでは倒産は必至。社員を路頭に迷わせるわけにはいかないし、そもそも会社がなくなったら映画祭どころではなくなります。

私は、会社が潰れかけてようやく我に返りました。しかしもう手遅れです。身の丈を超えて三年間も映画祭をやり続けたために、本業の経営にまで影響が出てしまいました。もはや、私一人の力ではどうにもならないところまできており、妹からも、友人からも、会社の税理士の小畠先生にまで借金をしました。

いよいよ追い込まれた私は、東急レクリエーションの菅野社長に会いに行きました。そして、キネコ国際映画祭の権利を東急に買い取ってもらいたいとお願いしたのです。それしか会社が生き延びる道は思いつきませんでした。

菅野さんも、まさかそこまで大変なことになっているとは夢にも思っていなかったはずで、かなり驚いたのではないかと思います。しかしそこで、菅野さんは私を救うために、向き合ってくれました。帳簿をすべて見せなさい、お金の流れもすべて教えなさいと言って、これまでの財務状況を徹底的に調べ上げ、危機を脱する方法を探ったのです。「たひらくんの会社が潰れたら映画祭が続けられなくなる。たひらくんはキネコに必要な存在だから頑張ってもらわないと困る」そう言って大きな支援をしてくれました。おかげでギリギリのところで資金繰りはなんとかなり、会社も倒産せずに済みました。

その支援決定を伝えられたとき、「また奇跡だ、すごい！」と、感動で椅子に座りこんだまま動けなくなりました。

ただし、かわりにある条件が出されました。二度と赤字を出さないこと、そして今後一切、個人のお金は使わずにやるということでした。

やりたいことがあれば、たとえ自腹を切ってでも実現するのが当たり前だった私にはつらいことではありましたが、会社を続けるためにも、映画祭を続けるためにも、選択肢はありません。とてもありがたい条件だったと思います。それ以降、キネコの財政はきわめて健全になりました。

三年間の無謀すぎる挑戦で、多くの人に迷惑をかけました。ただ、申し訳なかったと思う反面、二子玉川での最初の三年間、無理をして大風呂敷を広げ「これが国際映画祭なんです！」とたくさんの人に見てもらうことができたのは、結果的には良かったと思っています。

二〇一七年、東急の野本弘文会長が、初めてキネコ国際映画祭を観に来たとき、「これだよ！（やりたかったのは）この映画祭だよ！」と言ってくれました。のちに菅野さんをはじめ複数の東急の関係者から、「実は野本会長は、以前から映画祭がやりたいと言っていた」という話を聞きました。野本会長が思い描いた映画祭を形にできていたからこそ喜んでもらえたし、その後も応援してもらえている。キネコのもっている可能性を私自身が信じ抜くことができたから、今につながっているのです。

――パンデミック起こる

会社倒産の危機を乗り越え、心機一転で臨んだ二〇一九年。赤字を出さないと約束したからといって映画祭の規模が縮小したのかというと、そうではありません。むしろ、個人のお金は使えないというプレッシャーのおかげで、八千五百万円という過去最高額の協賛金を東急レクリエーションと一緒に集めました。来場者数も十万人を超え、映画祭はトントン拍子で盛り上がりを見せていきます。

東急の野本会長をはじめ上層部の方々も、キネコが無事に開催されたことをとても喜んでいたし、来年も頑張ろうというムードに包まれていました。ところが、肚《はら》を括《くく》ってさぁ次回も頑張らねばと思った矢先、思いもよらない出来事が起こりました。ご存じのとおり、二〇二〇年三月、新型コロナウイルス蔓延《まんえん》による緊急事態宣言が出されたのです。

新型コロナウイルスによるパンデミックは、私たちのそれまでの生活を一変させました。ありとあらゆる店が閉まり、人々は外に出掛けなくなり、イベントも軒並み中止となりました。もちろん、十万人も集まるキネコ国際映画祭も例外ではありません。自粛要請を受けて二〇二〇年の開催は中止となりました。

二〇一九年は内容的にも財政的にもとてもいい形で終わり、二〇二〇年は新たなステージに進むような気持ちでいました。協賛金も一億円を目指そうと息巻いていたのですが、突然梯子《はしご》を外されてしまった形です。

しかし私は、がっかりするどころか、むしろものすごくホッとしていました。それまでのキネコは、タブロイド紙やホームページの制作、イベントの企画まで、すべてを数人のスタッフで行なっていました。当時のスケジュール表を見ると半年以上、予定がパンパンに詰まっていて、恐ろしいほどの過密スケジュールです。

映画祭が外部要因でやむなく中止になって初めて、自分がどれだけ無理をしていたかに気づくことになりました。遊ぶ時間がある！　本業の仕事もちゃんとできる！　心配ごとは会社のことだけ！　ストレスがまったくなくなり、時間もできて、ステージ・ディレクターの大谷と明るいうちから二人でよく呑んでいました。不謹慎ですが、毎日が楽しくて仕方ありません。映画祭をやらないとこんなにも日々が楽なのだということがわかり、すっかり気が抜けてしまいました。

――ワンチームを目指して

ちょうどその頃、映画祭をよりよい形で継続していくために、私が一人ですべての仕事を抱えずに済むよう、運営体制を見直そうという話が出ていました。そんなときに映画祭が中止になり、思いがけず時間ができたため、一年間かけて今後の運営体制について話し合うことになりました。

キネコの運営母体は二〇〇九年に設立した「一般社団法人キネコ・フィルム」です。それまでは私が代表で、カイクラフトの社員や手伝ってくれる仲間にお願いして形式的に理事になってもらっていました。まずはそこをきちんと整えようと、二〇二〇年十二月に椎名さん、私、菅野さんがキネコ・フィルムの社員となり、椎名さんが代表理事に就任しました。

そして翌二〇二一年初頭、「これからは東急ももっとコミットして、ワンチームでやっていこう」ということで、それまでカイクラフトの一画に設けていた本部を東急レクリエーションの社内に移すことが決まり、組織改革が少しずつ始まりました。

――二年連続の中止に

二〇二一年は、感染状況いかんでは開催できるかもしれないということで、春頃から準備だけは進めていました。しかし、パンデミックが終息する気配は一向にありません。夏頃から再び感染が拡大したことで、結局十一月の開催は中止になりました。海外の映画祭は、オンライン映画祭として開催しているところや比較的早くから再開に踏み切ったところもありました。しかし日本は感染対策が徹底しているため、感染が抑えられていない状況での開催は難しい。

ただし、二〇二一年は開催することを前提に準備を進めていたため、中止を決めた夏の段階で、三分の二ほどの協賛金が集まっていました。集めた分については、年度内に使わなければなりません。そこで、中止ではなく延期とし、年度末ぎりぎりの二〇二二年三月に二年半ぶりに開催することになったのです。

私は、中止のおかげで思わぬ〝戦士の休息〟を得られ、気が緩んでいたところがあったのですが、キネコは、すでに私一人だけのものではありません。東急や世田谷区、地元の方々、たくさんのスポンサー、そして椎名さんや菅野さんといった強力な支援者をたくさん巻き込んだ大イベントです。なんとか自分を奮い立たせ、三月の開催に臨むことにしました。

組織改革始まる

ところが、二〇二二年三月の第二十八回キネコ国際映画祭は、オープニングのひどい嵐が象徴するように、満足のいくものではありませんでした。

ひとことで言えば、新しくできたチームのコミュニケーション不足です。コロナ禍で対面での打ち合わせが難しかったことも影響しました。あまりにも連携がうまくいかず、私は判断が鈍り、ウツのような状態に陥ってしまいました。しかも次の開催は通常の日程どおり、同じ年の十一月に決まり、休む間もなく次の準備に取り掛からなければなりません。

この失敗を誰よりも悲しんでいたのは、東急側でキネコのために尽力し、私と東急レクリエーションの部下との間で板挟みになっていた菅野さんでした。そして菅野さんからは「次回の映画祭からは、ちゃんと組織化して役割分担を明確にし、今度こそワンチームで運営していくように」と念を押されました。

三月の映画祭では、東急レクリエーションの関わりが増えたとはいえ、まだ私が中心でそれぞれのスタッフに指示を出すというトップダウンの運営体制でした。それを、私がいなくても業務に支障がないよう、仕事をきっちり分担するように言われたのです。キネコ

第28回（2022年3月）の広報用タブロイド紙より

からも二人の責任者を選び、すべての情報を共有していくことになりました。担当する業務ごとに責任者を置けば、責任の範囲も明確になります。

こうして、組織の枠組みについては、少しずつ改革が進んでいきました。今までは私が舞台監督を務めていましたが、専門の舞台監督を置き、制作会社も入れることに。受付やチケット販売は東急がやり、広報や宣伝は専門の会社に発注する。業務ごとに担当するスタッフを配置したり、外注に出したりと、仕事を一人で抱えすぎない仕組みをつくりました。すると当日は、私が何も指示しなくてもスムーズに物事が進んでいく体制が整いました。特に東急から吉井恵一さんという敏腕事務局長の参加もあり、私は自分の気持ちが楽になっていくのを感じました。仕事を任せるとはこういうことなのかと、やっとわかったのです。

――私の役割は映画祭の企画をつくること

ようやくチームが一丸となり、営業についても、東急が中心となって動いてくれることが決まりました。最終的には、今までやっていた仕事の六割ぐらいを、東急が担当することになり、おかげで私は、自分がいちばんやりたかった映画祭の企画の仕事に集中することができました。

それはもう、ものすごい手応えでした。チームがうまく回りはじめたら、時間にも気持ちにも余裕ができて、接客の仕方やイベントひとつひとつの盛り上がり、安全性まで、いろいろなことを丁寧につくりあげることができるようになったのです。

それと同時に、私のいちばん重要な仕事は、質の良いプログラムを考え、形にしていくことだと悟りました。こうした企画に関しては個性や経験が必要であり、ほかのスタッフではなかなか替えがききません。私にしかできない仕事は私がやる。ほかの人でもできる仕事は分担する。いいものをつくるためには、それこそが大切なことだったのです。

初めて本番が楽しめた

良いチームワークが築かれ、最高の状態で迎えられた二〇二二年十一月の第二十九回キネコ国際映画祭。私は三十年間で初めて、純粋に映画祭を楽しむことができました。それまでの私は忙しすぎて、当日もずっと会場じゅうを走り回っていました。ゲストが来たら迎えに行き、プログラムのキュー出しをして、スポンサー企業の方々がテントに集まったら、その瞬間に走っていって挨拶をする。トランシーバー片手にあちこちに指示を出し続け、トラブルがあれば全部対応する。周りの人もそんな私のいっぱいいっぱいな雰囲気を察して、どことなく緊張感がありました。

しかし今回は、私だけでなくみんなが、最初から最後まで明るく、いいムードの中で開催することができました。スタッフ間の雰囲気だけでなく、イベント全体としても、もともとあったキネコのゆるくてアットホームな雰囲気がさらにいい形で体現できました。

私はゲストのもてなしに集中し、初めて、トランシーバーを持たずに会場をブラブラしてみました。当日、やることがないと不安になるのではないかと思っていましたが、そんなことはありません。レッドカーペットの先でゲストと一緒に写真を撮ったのも、クロージング・セレモニーで「たひらさん！」と呼ばれて前に出たのも初めて。以前なら、私は走り回っているからどこにいるのかがわからず、呼び出せるような状況ではなかったのです。

こんなに恵まれていていいのかなと思うぐらい、すべてが大成功の映画祭でした。来場者数は、コロナ前よりは少し減って九万人ほどでしたが、影響が残っていたことを思えば、上々だったと思います。どことなくのんびりした雰囲気が「キネコらしかった」とみんなが褒めてくれました。

もちろん、何も反省点がなかったわけではありません。舞台監督が入ったことで、むしろきちんとしすぎて変な間が空いたり、進行が滞ったりすることもありました。「もっとスムーズにやってー」と内心思いましたが、不思議と前のようにイライラしたり、つい自分が出ていって仕切るということは

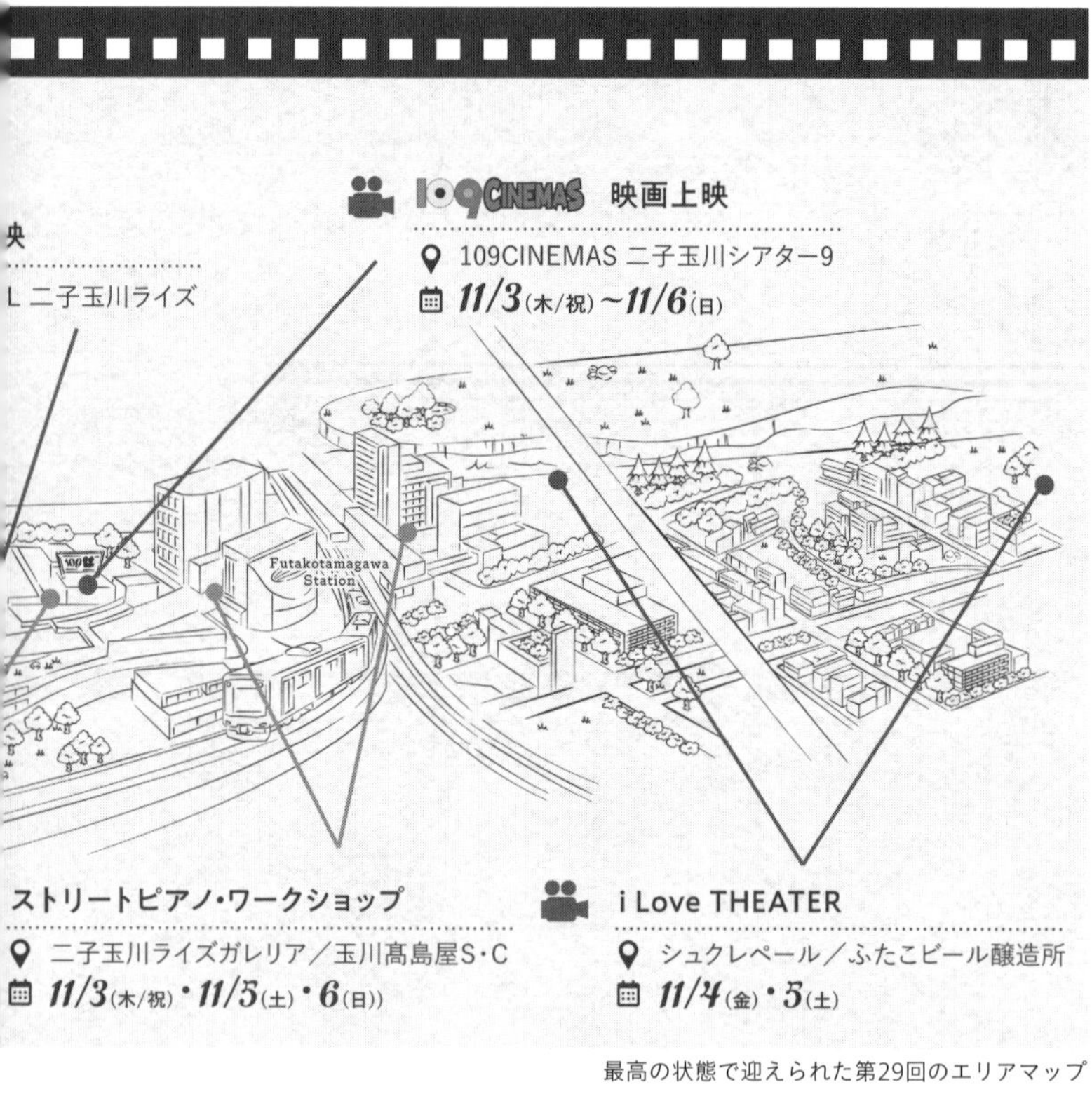

最高の状態で迎えられた第29回のエリアマップ

考えませんでした。周りの人の行動を冷静に見られるようになり、自分と違うやり方にもこうして慣れていくのだということを、素直に受け入れられるようになったのです。何かミスがあって話が伝わっていないのだなというぐらいの感覚で、ハプニングを客観的に見ている。チームがまとまって、そのチームで映画祭の運営ができるようになったら、いろいろなこだわりや執着も手放せるようになりました。

映画祭終了後、私たちは「よく頑張ったね！」とお互いを讃《たた》え合いました。

早く次の映画祭がやりたい

映画祭が終わると、私は菅野さんと一緒にスポンサー企業に報告も兼ねて挨拶回りをします。それも前回までは、私自身で、すべての手筈《てはず》を整えていました。しかし今回からは東急の担当者がアポイントを取り、報告書の用意までしてくれる。だから私は、その時間に行って挨拶をするだけでいい。堅実な組織ができると、こんなに仕事の負担が軽くなり、楽しくなるのかと感心しています。

あまりにも楽しかったので、終わってすぐに、翌年に向けたアイデアが次々と湧いてきました。いつもなら、終わったあと数ヶ月は映画祭のことは何も考えたくなくなるのですが、今回はむしろ、一刻も早く次の準備がしたくてたまりません。嬉しいことに、それは私だけでなく東急のみなさんも同じでした。だからすぐ、三十周年の準備に取り掛かることになったのです。一年間かけてしっかり準備をしたらもしかしてすごい映画祭ができるかもしれない。そう思って、誰よりも私がワクワクしています。

二〇二二年、一年に二回の開催は本当につらかった。いろいろなことがうまくいかず、イライラして夜も眠れない日々もありました。それが今は、何もストレスがなく、早く次がやりたいとまで思えている。あのつらい日々を笑って話せる日がくるなど思ってもみませんでした。

どんなことが起こっても、粘り強く続けていれば、仲間とわかり合い、結束できる日が来る。いつか必ずハッピーエンドはやってくる。そう信じ、諦めなくてよかったと、今、心から思っています。

井ノ原快彦

最初は、森本千絵さんからキネコの話を聞きました。実は僕は、過去にキネコだと知らずに、よくわからないけど気球が浮かんでいるからと、遊びに行ったことがあったのです。「あれがキネコ国際映画祭か！」とわかり、詳しく話を聞いてみたら、日本の文化としてすごく正しいイベントだと感じました。それをたひらさんという個人が広げていこうとしている。しかも子どもたちに向けたイベントだということで、ぜひ参加したいと、二〇二二年三月から関わらせてもらうことになりました。

キネコは自分たちで一からつくっていく、現代の新しいお祭りです。だから、手づくり感が半端ないんですよね。ひとりひとりの小さな力を集めて、知恵を使いながら完成させている。みんながキネコを大事に思っていて、子どもたちもすごく楽しんでいる。それが素敵だし、僕もそこに参加していることを自慢に思いました。

たひらさんは、お話をくれる段階ではまだ決まっていないことがすごく多いのです。でも、それを正直にお話ししてくださるので、じゃあ一緒に考えようかという気持ちになる。

僕はこれこそが本当のリーダーだと思う。キネコでは、「なぜ答えを出してくれないのか」と言われてしまいそうな、子ども自身に考えさせる映画がたくさん上映されています。大人になったときに「あれはそういうことだったのか」と思える、未来へのプレゼントみたいな映画たちです。それと一緒で、僕らも与えられないから自分たちで考えて動かなくちゃいけない（笑）。段取りがよかったら、きっと「僕がいなくても大丈夫だな」と思うのだろうけど、そうじゃないのでほうっておけない。自分がいなくなったらダメなんじゃないかと、たぶん関係者みんなが思っています。そうするとみんなが育っていって、個々の力を発揮し、いいものをつくろうとする。本当に楽しかったと胸を張って言える映画祭になるわけです。

以前、世田谷区長とお会いしたときに「公園って勝手につくるとダメなんです」という話をしていました。行政が勝手につくるとまちの人たちが大事にしない。みんなの意見を吸い上げてつくると、そこには責任が生じて、みんながすごく大事にしてくれる。僕はキネコも、そういう公園づくりみたいな映画祭であってほしいと願っています。たくさんの人が思いをもって参加している手づくり感がキネコの魅力です。この先どれだけ大きくなっても、そういう大切なところは、たひらさんが守ってくれると信じています。（談）

（いのはら・よしひこ　キネコ国際映画祭スペシャル・サポーター）

第五章

キネコの未来

理想の映画祭像

二〇二三年、〈キネコ国際映画祭〉は、いよいよ三十周年を迎えます。これまでは毎年、何かしらの事件やトラブルが起きていましたが、第二十九回の大成功、そしてその後も順調に準備が進んでいるのを見ていると、第三十回は内容も運営も申し分なく、みんなが手放しで楽しめる映画祭になるのではないかという期待と希望を感じています。

キネコでは毎年夏に、総勢五十人の関係者が集まってキックオフ会をやっています。「今年はこんなことをやります」という話をして、一人一人が自己紹介をし、担当する内容に応じていくつかのグループに分かれ、ミーティングを行なう。人数が多いので簡単な自己紹介だけで一時間もかかる。それでも最初にこういう会をセッティングしておくと、チームにどんな人がいるのか、一緒に仕事をする人はどういう人なのかがわかり、その後の仕事がとても捗《はかど》るようになります。

このキックオフ会に集まった人たちを見ていたら、本当に多種多様な人々が、今のキネコをつくっているのだと感慨深くなりました。例えば、世田谷区の職員や東急の社員、技術スタッフに加え、二子玉川商店街の方やカフェ上映をやってくださっている飲食店のオーナーさんなど、地域と関わりの深い方々も参加してくれています。

特に地域の方々の参加が増えていることは、とても嬉しいことです。私が最終的に目指しているのは、キネコ国際映画祭を「地域による地域のためのお祭り」にしていくことだからです。たくさんの映画祭を見てきて、いい映画祭ほど地域によってつくられ、育まれていることを確信しています。だからこそ、キネコ国際映画祭も、二子玉川というまちに根を張ったものにしていきたいのです。

二子玉川には、子ども映画祭を開催する上で魅力的な素材がすべて揃っています。これは手前味噌《てまえみそ》で言っているわけではなく、たくさんの映画祭を見てきた私が客観的に見ても、二子玉川は、映画祭を開催するのに理想的な環境です。商業エリアと多摩川沿いの自然環境が融合した立地、洗練されたまちのイメージと、アクセスの良さや子ども連れでも安心して出掛けやすい駅前のデザインに加え、髙島屋のブランド力、自治体や住民の理解もあり、上映会場とイベントスペースの確保もできる。これほどの理想的な環境は世界じゅうどこを探しても、そうは得られない。この恵まれた環境をどう活かすのかを、ずっと考え続けています。

地域のためのお祭りとは

では「地域による地域のためのお祭り」とは、いったいどんなお祭りなのでしょうか。開催範囲が小さいほうが細部まで丁寧につくり込むことができるし、続けるのも楽です。しかし、あえてまちじゅうに範囲を広げて、真の国際映画祭を目指すことを選択したのは、この先何十年も映画祭を続けていくためには、地域で暮らす人々が誇りに思えるイベントにしていく必要が、絶対にあると思ったからです。

二子玉川にお住まいのほとんどの方は、キネコ国際映画祭のことを肯定的にとらえてくれていると信じています。それでもなかには、「公園を使ってガチャガチャうるさいなぁ」とか「こんなイベントいらないよ」と感じている人もいるかもしれません。これからは、そういう人たちの理解も得て、子どもにも大人にも「このまちには国際映画祭があるんだよ！」と自慢してもらえる映画祭にしていかなければなりません。

自分が暮らすまちに、世界じゅうからたくさんの人がやって来て「最高の映画祭だよ！」と言って楽しんでくれる。まちのイベントが多くの人に知られ、メディアでもどんどん取り上げられ、世界的に評価される。そんな夢のようなことが実現できるのが、国際映画祭の目指すところです。そこまで成長したときに初めて、地域の人が映画祭を心から誇りに思い、受け入れてもらうことができるのではないでしょうか。

映画祭には、まちおこしの力があります。日本でも、地域活性化に貢献している映画祭の成功事例はあり、キネコ国際映画祭も、そうした映画祭を目指してきました。キネコは今、二子玉川というまちに根付き始め、胸を張って世界に発信できる映画祭になりつつある。数々の試練を乗り越えて、次のフェーズに向かうスタートラインに立っている。キネコ国際映画祭の三十周年は、そんな始まりの予感に包まれています。

「チェコ・フェスティバル」始まる

キネコ国際映画祭では、映画だけでなく、音楽やパフォーマンス、マルシェやワークショップなど、さまざまな催しを実施しています。というのも、大規模な映画祭は、国際的な文化発信の場でもあるからです。映画をベースにしながら、さまざまな形で文化発信を行ない、映画祭全体でひとつのエンターテインメントを成立させていく。それこそが映画祭づくりの醍醐味です。そこに決まった型はありません。それぞれの映画祭が、コンセプトやテーマに沿って、独自の企画を考えています。

私が企画を考える上で大切にしてきたのは、すべての催しは「体験」を軸に考えるということでした。子どもたちには、ただの観客ではなく、制作者として一緒に映画祭をつくっていってもらいたい。体験を通していろいろなことを楽しみ、笑顔が溢れる映画祭にしていきたい。それが、子ども映画祭としてもっとも大切だという思いが強くあります。

種々の催しの内容については、現在も試行錯誤を重ねている最中です。いいアイデアを思いついても、それを実際に形にするのはとても難しい。毎年のように改良し、ときには新たな企画も加えながら、少しずつ理想の映画祭に近づけてきました。

第三十回では、ワークショップやアウトドア体験ができる「KINEKO EXPERIENCE（キネコ・エクスペリエンス）」（二子玉川公園の体験エリア）が河川敷に移動することになり、スペースが空いた区立二子玉川公園では、新たな催し「チェコ・フェスティバル」が開催されます。

キネコ国際映画祭では、将来的な目標として、世界各国のPRや情報発信を行ないたいと思っていました。チェコ・フェスティバルは、その第一弾というべき催しとなります。

これは、第三章で紹介した〈ズリーン国際映画祭〉とキネコ国際映画祭がお互いの映画祭を行き来して、交流を深めていたことがきっかけになって実現しました。ズリーン国際映画祭は、国や自治体が全面的に支援して開催している映画祭です。そのため、二〇二二年に開催した第二十九回キネコ国際映画祭には、チェコ政府観光局やチェコ文化の普及に努めるチェコ外務省の外郭団体「チェコセンター東京」の方々が、ズリーンのゲストとして来ていました。そして、オープニング・セレモニーが終わったあと「次の映画祭ではぜひ一緒に何かやりませんか」と言われたのです。それから数ヶ月後に正式に打診があり、具体的に話を進めていくことになりました。チェコ・フェスティバルでは、国際的な文化交流を目的にチェコ文化の魅力を発信し、映画だけでなく、音楽や文学などチェコのさまざまな文化を紹介していく予定です。

海外の映画祭では、イタリア・フォーカス、フランス・フォーカスなど、毎年どこかの国を特集することはよくやっています。しかし、せっかくやるなら一度だけで終わりではなく、毎年一緒にやりませんかとチェコ側に提案しました。キネコ国際映画祭では、毎回必ずチェコ・フェスティバルが同時開催されている。そんな絵をつくって、双方の持続的な国際交流の機会にしようと訴えたのです。

チェコはパペットアニメの先進地であり、子ども映画祭とは切っても切れない重要な国です。チェコ文化を紹介できることは、キネコ国際映画祭にとっては大変名誉なことであり、チェコにとっても、日本で自国をＰＲできるまたとない機会になります。国際的な大きなイベントが入ってくることで、国際映画祭としてのさらなる盛り上がりが生まれ、地域のみなさんや子どもたちが世界を知り、触れ合うきっかけにもなるでしょう。

チェコは決して大きな国ではありませんが、ヨーロッパの中心にあります。映画祭が国際交流の場となり、二つの国の架け橋となる。そして、他の国ともつながりができることを願っています。

――二子玉川のまちを映画一色にしたい

キネコ国際映画祭では、このほかの催しも、体験型であることを基本にしています。

ライブスタジオホール前の広場で開催している「キネコマルシェ」には、スポンサー企業がたくさん出店していますが、ただ物を売ったり自社をPRするだけではなく、絵を描いたり遊べたりと、子どもたちが参加して体験する内容を必ず盛り込むことをお願いしています。子どもたちは本当に楽しそうにしているし、マルシェ全体も賑やかです。ショッピングモールの中という立地もあり、いつも大勢の人が行き交う活気のある催しになっています。ワンデーカンファレンスや映画制作のワークショップをやったこともありました。

もうひとつ、二子玉川に来てから続けているのが「I LOVE THEATRE」です。これは、二子玉川にある協力店舗で開催する映画上映会のこと。「I LOVE THEATRE」では、小さな上映会であることを活かし、交流の時間を設けています。司会進行は各店主にお願いし、上映前に映画の説明をして、終わった後は来場者のみなさんとディスカッションしてもらう。ただ映画を観るだけでなく、映画について語らうことができるのは、「I LOVE THEATRE」ならではの楽しい映画体験のひとつです。

現在は、地元の方に紹介してもらった洋菓子店のシュクレペールとふたこビール醸造所の二ヶ所で開催していますが、いずれは二子玉川のマップが上映会場の印で真っ黒になるぐらい、いろいろな店で実施できたらと思っています。それこそカウンターしかない居酒屋でもいいし、八百屋さんでやってもいい。映画祭期間中、二子玉川のまちが映画一色で埋め尽くされれば、全国から映画好きが集まって、まちじゅうがものすごい人で溢れかえるに違いありません。

たくさんの店に関わってもらえるようになるまでには、何年もかかるとは思いますが、ぜひ参加したいというオーナーの方に一人でも多く手を挙げてもらえるよう、今はその仕組みをつくっているところです。

このように、今後はますます地域の人たちが、つくり手側としても参加する映画祭にしていきたいと思っています。第三十回は、世田谷区内で福祉や教育など、よりよい社会をつくるための活動をしている団体にフォーカスを当て、ブースを提供して活動のＰＲをしてもらう予定です。地域のためになる催しは、どんどん実施していきたい。そしていずれは、地域住民や保護者の方々が、まちのため、子どものためにと、映画祭のスタッフとして活躍してくれるようになったらいいなと思っています。

闘病中の子どもたちにも映画を

キネコが今、力を入れて進めている活動があります。それが「ホスピタルプロジェクト」です。これは、長期入院している子どもたちを映画祭に招待したり、タブレットを使って病室で映画が楽しめるようにするなど、病院にも映画を届けようという試みです。始めたきっかけは、ベルギーとスウェーデンのフェスティバル・ディレクターから「ヨーロッパでは、映画祭のプログラムは病院でも観られるようになっているよ」と聞いたことでした。しかもそれは、映画祭の期間だけではなく、一年を通していつでも観られるようになっているとのこと。それはすばらしい活動だと思い、キネコでもぜひやりたいと思ったのです。

そこで、世田谷区にある国立成育医療研究センターに声をかけてみたところ、当時の病院長が「ぜひやりましょう」と、賛同してくれました。長期入院している子どもたちは、平日は学習プログラムなどがあるものの、休日は何もすることがなく退屈している。だから映画が観られるようになったらとても喜ぶ、と言われました。

しかし、開始予定だった二〇二〇年はコロナの影響で中止に。仕切り直した二〇二二年開催の第二十八回、第二十九回は、何組かの子どもたちに会場まで遊びに来てもらうことが叶い、タブレットを使って病室で映画を観てもらうこともできました。二〇二三年の第三十回では、映画祭期間中だけでなく、十一月の一ヶ月間、タブレットでいつでも映画が観られるようにしようと準備中です。

次なる目標は、全国の病院にホスピタルプロジェクトを展開すること。病院側の受け入れの問題もあるので、体制が整ったところから順次参加してもらい、少しずつ数を増やしていければいいと思っています。順調にいけば、二〇二四年はさらなる飛躍が期待できそうです。

海外で高まる評価

こうしたさまざまな試みが功を奏し、キネコ国際映画祭は今、世界でも注目の子ども映画祭になりつつあります。キネコに行くと楽しい映画が観られて、丸一日遊べるコンテンツがたくさんある。「最近のキネコはすごいよ」という噂が、キネコを観に来てくれたゲストの方々から広がりつつあります。

海外から招待するゲストは、たくさんの映画祭を見てきた目利きばかりです。彼らがまずチェックするのは、映画祭がどれだけ純粋に盛り上がっているのかという点です。数ある映画祭の中には、お客さんが全員、学校から強制的に動員されているだけのものや、関係者が自分の売名行為やお金儲けのためだけに開催しているというケースが、残念ながら存在しています。しかし、そういうダメな映画祭を彼らはすぐに見抜きます。

その彼らも、キネコについては、映画を子どもたちに届けたいという純粋な思いで開催されていて、お客さんも心から楽しんでいると感じてくれたようでした。第二十九回の海外ゲストは、初めてキネコを観に来たゲストばかりでしたが、みんな「こんなに盛り上がっている映画祭はなかなかないよね」と感心していました。会場となっている二子玉川はきれいなまちで、お客さんがたくさんいて、あちこちでいろいろな催し物をやっているのに、まとまりがある。「全体のバランスがいい映画祭だね」と言われました。裏側ではまだバタバタしているところもありますが、少なくとも表側から見たときには、すばらしい映画祭だと評価されるところまできている。

ちなみにキネコは、メインの上映会場はふたつだけなので、映画を観せる回数と観客動員数はそれほど多くありません。しかしイベントとしての来場者数はとても多く、第二十九回は約九万人でした。来場者数だけでいえば、すでに日本で最大規模の映画祭になっています。

いい映画をセレクトすること、楽しい企画を用意すること、ＰＲをしっかりやって、入口を広く設けること。それに、良き理解者や仲間たち、応援してくれる人々がいれば、いい映画祭は出来上がる。正しい行動をとりつづければちゃんと評価されるし、成功もするということを、現在のキネコが証明しているように思います。

――森本千絵さんにバトンを渡す

三十周年という節目に、もうひとつ大きな変化があります。第二十九回の最終日、クロージング・セレモニーで発表しましたが、第三十回から、森本千絵さんがキネコ国際映画祭のアート・ディレクターに就任することが決まりました。

最近は、私が今までやってきたパンフレット制作やプログラムづくりなど、企画制作の仕事の多くも森本さんに託しています。

キネコが私の個人プロジェクトから脱却し、みんなの映画祭、まちの映画祭になっていくために、渡せる部分はすべて次の人にバトンタッチすることはもともと考えていました。三十周年までに、そのバトンタッチを済ませたいと思い、私が気持ちよくバトンを渡せる人は誰なのだろうとずっと考えていたのですが、それは森本千絵さんしかいないと思い至りました。森本さんには、以前からティーンズ部門のディレクターをお願いしたり、パンフレット制作に協力してもらったりと、部分的には関わってもらっていました。

森本さんは、すごい才能の持ち主です。一緒にズリーン国際映画祭に行ったとき、彼女がなぜ一流のクリエイティブ・ディレクターなのかがよくわかりました。彼女は、いろいろなものを貪欲に吸収します。子ども向けのワークショップだろうが何だろうが気になったものは自分で体験してみる。映画も、私が十本観ている間に、彼女は三十本ぐらいは観ている。そうやって頭の中に、体験を通じて得たあらゆる感覚や知識を詰め込み、それが彼女自身の引き出しとなってどんどん新しいアイデアが出てくるのです。ストイックに学び続ける姿勢がすばらしく、私にはとても真似できないと思いました。そこまでやるのが本当のクリエイティブ・ディレクターなのだということを、彼女を見て知ったのです。

私と森本さんが知り合ったのは二〇一九年頃です。世田谷区の保坂区長から紹介されてキネコの仕事をお願いし、その後、ズリーン国際映画祭に一緒に視察に行くことになりました。ただ、そのときはそこまでコミュニケーションがとれていませんでした。森本さんはチームのトップで、マネージャーやお弟子さんなど、いつも周りを大勢の人に囲まれています。そのせいもあって、視察に行ったときもほとんど話すことができず、それ以上の関係を築くことはありませんでした。

しかし翌年、フランクフルトの空港のラウンジで、森本さんとばったり再会したのです。思わず「森本さん！」と声をかけました。海外の空港で偶然会ったら驚くし、嬉しくなってしまう。私はジッフォーニ国際映画祭の帰りで、森本さんはヨーロッパ出張の帰りでした。いつもは周りにたくさん人がいる森本さんが、そのときは一人。しかも帰りの飛行機まで同じでした。そこでフライトを待つ間、ラウンジで一緒にお酒を飲み、すっかり意気投合しました。飲み過ぎてベロンベロンになり、フライトの時間をすっかり忘れて、「たひらさま、森本さま、搭乗時刻を過ぎております」とラウンジ内でアナウンスされたほどです。フランクフルトの空港を笑いながら全速力で走って走って、飛行機に飛び乗りました。

一対一で話したらすごく楽しくて、実は面白い人なのだと気づき、そこから急速に仲良くなりました。いろいろ話してみると、彼女も常にチームのトップに立って引っ張っていかなければならない立場にいるので、悩んでいるポイントが私とよく似ていました。性格も似ていて、自分の思いや考え、信念を強くもっているからこそのこだわりがあります。最初にうまくいかなかった相手ほど、理解し合えたときにはよりよい関係を築けるものです。そこから、森本さんはますますキネコに心を寄せて、積極的に協力してくれるようになりました。私も森本さんに相談されたことは全部いいよと信頼して任せるようになったのです。

森本さんがアート・ディレクターを引き受けてくれたことで、いよいよ新しいキネコが始まることになりました。メインビジュアルを決めるのも作品の最終セレクトもこれからは彼女がやっていきます。そうなれば私がつくってきたキネコとは雰囲気も内容も自《おの》ずと変わってくるはずです。しかし、森本さんならば絶対にいいものをつくってくれるはずで、少しの不安もありません。これからのキネコがどんな映画祭になっていくのか、誰よりも楽しみにしているのは、ほかでもない私です。

守られる側から守る側へ

　森本さんがキネコ国際映画祭のアート・ディレクターに就任し、そのほかの仕事も東急や事務局スタッフがやってくれるようになったので、私の抱える仕事は本当に少なくなりました。とはいえ何もかもから手を引くわけではなく、引き続き私は、フェスティバル・ディレクターとして全体を統括し、さまざまな判断や最終決定を行なう責任者を務め、今後は裏方的な仕事に力を注いでいきたいと思っています。

　まず、森本さんに表に立ってもらえることになったので、森本さんが自由にやりたいことがやれるよう、世田谷区やスポンサー企業、地域の方々との調整をするのが、私のいちばん大きな仕事になると考えています。

　森本さんと話していると、根っからのクリエイターであり、アーティストなのだということがひしひしと伝わってきます。思ったことを実現するためには、ぶれずにまっすぐ突き進む突破力がなくてはいけない。しかし、それには、さまざまな関係者との調整が発生します。そこをすべて引き受けるのが私の役目になるでしょう。

　キネコ開催に関して前向きに応援してくれる人を増やし、許可をもらうためには、丁寧にコミュニケーションをとることが必要になります。そのためにも、付き合いをマメにすることが欠かせないのですが、人に会い続けるというのは、意外と大変なことです。けれども、私は人に会うこともお酒を飲むことも大好きなので、これは、そんな私にぴったりの仕事なのです。

　私が映画祭で得たギフトのひとつは、いい人たちに囲まれて、よく育ててもらったことです。これまでは自分のことばかりで、誰かを支える余裕がありませんでした。しかし、次の世代にしっかりバトンを渡していくためにも、今度は私がサポートしていく番。守られるのではなく、守ってあげられる人間になる。それがこれからの、私個人としての新たな目標になります。

KINEKO

キネコ国際映画祭

KINEKO International film festival 2023

In Futakotamagawa

play and pray for peace

30th

森本千絵さんデザインのキネコの新しいロゴ

キネコのプログラムを全国に届ける

キネコで上映する映画を全国の子どもたちにも届けたい。それは、いつかは叶えたいと思っていた夢のひとつ。とはいえこれまでは、メインの映画祭の運営で手一杯で、それどころではありませんでした。しかし、私が担当する仕事が減って手が空いたことで、ようやくそれについても取り組むことができそうです。

キネコはこれまで、世界じゅうの配給会社や製作会社と、映画祭期間中の上映権のみの契約を結んでいました。そして、地方で映画祭や上映会を制作することになったときには、その都度、契約書をつくり直していました。しかし今後はホスピタルプロジェクトのこともあり、長期契約を結ぶ方向で交渉を進めています。いずれは五十本のうち三十本ほどは一年契約を結び、さまざまなプログラムのパッケージをつくりたい。そうすれば、映画祭や上映会の問い合わせがあったときに、すぐに作品の貸し出しができるようになります。

実はこれまでも、毎年五作品ほどは一年から二年の契約を結んでいました。この五作品のパッケージは、「岩手県立児童館いわて子どもの森」にある「子どもシアター〝ぽけっと〟」で、年間を通じて上映されています。こうした作品のパッケージを増やして、いろいろなところで利用できるようにすれば、それだけ多くの子どもたちに映画を届けることにつながります。

例えば、以前はよくPTAの方から問い合わせがありました。PTA主催の上映会は、予算が少ないことがほとんどです。協力したい思いはありつつも、一からパッケージをつくるとなると、一作品ずつ契約書をつくり直さねばなりません。また、ライブシネマができるキネコと違い、貸し出す場合はスタジオを借りて吹き替えバージョンをつくる必要があります。すると、どうしてもお金がかかるため、予算が少ない依頼は引き受けることができませんでした。

しかし一年契約の作品を増やし、その間は自由に貸し出しできるようになれば、低予算の上映会であっても臨機応変に対応できるようになる。私一人で広げていくことには限界がありますが、みなさんの力を借りれば、ますます多くの子どもたちにキネコの映画を届けることができるはず。プログラムのパッケージづくりは、今後、本格的に力を入れていきたいところです。

映画祭はまちのもの

キネコが成長することに喜びを感じる反面、個人の思いで続けてきた映画祭が、だんだん自分だけのものではなくなっていく。すべてのことを自分で決めていたのに、やることが減っていく。少し複雑な心境ではあります。それでも、映画祭はたくさんの人が関わってつくっていかないと、長い目で見たときに成功しないという答えは見えています。

始まりはどうであれ、映画祭というのは最終的にはみんなのもの、まちのものになればいい。だから、映画祭に思いがある人や地域の人、自治体や企業に引き継いで、ぜひ長く続けていってもらいたい。映画祭に関するありとあらゆる権限が私から離れたときが本当の成功で、いつかきっとみんなでひとつになれたと思える瞬間が来ると思っています。だから、手を離すことに少しの寂しさはあっても、やはりこれでいいのです。

現在は、キネコを支えてくださっている東急という民間企業の存在が大きいのですが、映画祭はまちとともに育っていくものですから、東京都や世田谷区にも、もっと関わってほしいし、地域の方々にもどんどん参加してほしいと思っています。自治体と民間企業と住民が手を取って、バランスのとれた関係を築くことができれば、必ずいい映画祭になる。私のものではなく、東急のものでもなく、まちのものにするというのが、キネコ国際映画祭の明確なゴールです。

――まちから都、都から国へ

キネコ国際映画祭は、アジアの中では、間違いなく今いちばん盛り上がっている映画祭です。ただしこのままいくと、いずれは中国や韓国の映画祭に追い抜かれてしまうのではないかという危機感を抱いています。なぜかというと、中国も韓国も、国をあげて映画祭を支援しているからです。

今はまだキネコのほうが観客動員数も多く、二子玉川というまちとと

まちと一体となった映画祭のお手本、イタリアの〈ジッフォーニ映画祭〉の学生スタッフと交歓する著者（前列左から3人目）と戸田恵子さん（同4人目）。2列目左端は、同映画祭のジェネラル・マネージャーのヤコポ・グビトージ氏（2023年7月）。

もに、映画祭を盛り上げることができています。しかし、例えば韓国は国策として、エンターテインメントや芸術分野の事業を支援し、積極的に伸ばしていこうとしている国です。若手アーティストやクリエイターへの支援も手厚く、制作環境も整っているので、世界的に評価される映画がどんどん生まれています。映画祭も同様で、全面的に国の支援が入っています。

中国、韓国に限らず、チェコの〈ズリーン国際映画祭〉も、イタリアの〈ジッフォーニ国際映画祭〉も、大規模で世界的に評価されている国際映画祭ほど、自国の文化を海外に発信する目的から、国や県が全面的な支援をしているケースが多くなっています。

かたや日本では、エンターテインメントや芸術に関する取り組みが、国家レベルで支援されることは少ないというのが実状です。なぜ日本ではその環境が与えられないのかについては、正直なところジレンマがあります。キネコは、少なくともアジアの中ではナンバーワンの映画祭でありたい。世界的に評価される国際映画祭になるためには、そこは死守しなければならないと思っていますが、芸術文化に対する国の姿勢のあまりの違いに、いずれ追い抜かれるのではないかという危機感は年々高まっています。

中国や韓国の映画祭関係者は、キネコに来るたびに、どうやってこんなにたくさんの人を集めて、これだけのワークショップが用意できるのだと驚いていますが、やがて彼らは、キネコというお手本を参考にしながら、ますますいい映画祭をつくりあげていくでしょう。実際にその努力をしているし、すでに、映画祭としての実力をつけ始めています。

キネコは今、東急をはじめとするスポンサー企業や世田谷区がしっかり関わっているから、これだけの規模で映画祭がつくれています。しかし、映画祭の行く末を考えれば、いずれは東京都や国にも、一緒になって映画祭を盛り上げてもらいたい。子ども映画祭というのは、子どもたちがエンターテインメントに本格的に接する初めての機会です。そこで芸術文化に対する関心を育むことが、未来のエンターテインメント産業の基礎となっていく。もちろん海外への文化発信のまたとない機会であることも間違いありません。

国が支援したいと思うような映画祭に成長していくために、今後もよりよい映画祭をつくり続けることは必要です。常に先頭を走り続け、認めてもらうには頑張るしかありません。

——日本とアジアの映画の祭典

こうした思いもあり、近年取り組んできたのが、日本映画の世界への発信です。キネコでは、二〇一七年に日本作品部門を設置し、短編、長編関係なく、日本映画を集めて上映しています。グランプリになった作品は、私の親友、ミヒャエル・ハーバウアーが主催する〈シュリンゲル子ども国際映画祭〉で必ず招待上映されるほか、多くの映画祭から注目されることになります。徐々にそのことが知られるようになったおかげで、二〇二三年は百本を超える作品が集まりました。その中から長編を三、四本、短編を八本から十本ほどセレクトして上映する予定です。

今の日本映画界は、映画祭への出品にさほど積極的ではない傾向があります。しかし、その国で制作された映画を集めて一遍に観られるような場がないと、海外の目はよその国へ行ってしまう。最近、韓国の映画祭が世界から注目されつつあるのは、自国の作品を集め、その映画祭に行けば韓国の作品がひととおり観られるという状況をつくっているからです。ですから、キネコに来れば主立った日本映画が楽しめる――そういうところまでもっていきたい。そして、キネコ国際映画祭に出品すれば世界から注目されるということをわかってもらい、大きな会社も小さな会社も個人も関係なく、日本の映画業界が結束して日本の子ども映画を盛り上げられないかと考えています。

これは簡単なことではありませんが「日本の子ども映画を探すならキネコ」というふうになっていかないと、世界から注目されず、盛り上がりもつくれない。まずは日本作品を世界へ発信し、アジア作品も一堂に会する映画祭を目指していきたい。一段階段を上るたびに、夢はどんどん膨らんでいきます。

「子ども」×「映画」のもつ力

とうとうここまで来た。今までの出来事を思い返すと、そう思わずにはいられません。〈キンダー・フィルムフェスト・ベルリン〉を初めて見に行ったとき、私は「こんな映画祭をつくろう」と思いました。〈ズリーン国際映画祭〉を初めて見たとき、「理想とする映画祭はこれだ」と気づきました。まだベルリンやズリーンの規模には及びませんが、ひとまずはそこに、少しずつ近づいてきているように思います。

私が子ども映画祭を始めたのは、たまたま声をかけられたというだけの偶然でした。でも今は、たまたま始めたのが子ども映画祭で本当によかったと思っています。子ども映画祭でなかったら、ここまで続けることができたかどうか。それぐらい「子ども」と「映画」というふたつのキーワードの組み合わせは、とても強い力をもっていました。

子ども映画祭と一般的な国際映画祭は、前提が大きく異なっています。子ども映画祭は、ビジネスの前に、子どもたちにどれだけの夢を描かせられるか、どれだけ楽しませることができるのかという、ファンタジーの世界を現実にするものです。あるいは、先に紹介したポーランドの〈アレキノ〉のように、普段は話題にしづらい問題を、映画を通じて考え、語り合うという教育的な側面もあります。

二〇一六年、〈東京国際映画祭〉の新部門として、三歳から小学生を対象にした「TIFFチルドレン」、中高生を主題にした作品を集める「TIFFティーンズ」が設立されました。当時、東京国際映画祭のディレクター・ジェネラルを務めていた椎名保さんの紹介で、私は最初の二年間、新部門のスーパーバイザーを務めました。「TIFFティーンズ」では、〈アレキノ〉で観て衝撃を受けた映画『フロッキング』の上映を実現しました。本来なら、中高生にたくさん来てもらい、ディスカッションもしたかったのですが、衝撃的な内容ということもあり、中高生を集めることには賛否両論あって、残念ながら積極的な集客にはつながりませんでした。それでも、会場にいた人々と上映後に話し合う機会を設けることができました。

映画祭のいいところは、原則としてフェスティバル・ディレクターが選んだ映画を上映できるという点にあります。映画館で上映する場合、日本では映倫が審査し、十六歳以上、十八歳以上など、映画の内容によって対象年齢を指定しますが、映画祭にはこの制限がないのです。

だから映画祭というのは、つい目を背けてしまいがちな問題について考え、学ぶ機会を提供しやすい。日本では、重いテーマの映画を子どもたちに観せることに根強い抵抗がありますが、東京国際映画祭で、最初の一歩が踏み出せたことは大きなことでした。キネコでも二〇一九年にティーンズ部門を設置しています。徐々にそうした映画の上映も増やしていきたいと思っています。

親子で観て学べる映画祭

子ども映画祭というと子どもが対象だというイメージがあると思いますが、私は映画をセレクトするときには「親子で観て語り合う」ということをつねに意識しています。映画祭には、子どもだけで来ることはまずなく、必ず親と一緒に来ます。だから子ども向けの映画だけでなく、親や教育者、自治体の職員など、子どもたちと関わる大人たちに伝えたいメッセージのある映画も選ぶことを心がけています。

私自身も、親として、子ども映画を通じていろいろなことを学んできました。ノルウェーの『アングリー・マン』（二〇一〇年、第十八回に上映）という切り絵アニメーションの映画は、家庭内暴力（DV）を子どもの視点から描いた映画です。私はこの映画を観て「これはおれじゃないか」とショックを受けました。私は息子に対して、かなり厳しい父親でした。しかし、この映画を観たことで自分のダメさ加減に気づき、変わらなくてはいけないと思ったのです。そして、自分自身が映画によって変わった体験を通じて、大人へのメッセージが込められた作品の上映も、子ども映画祭には必要だと思うようになりました。

キネコは、ショートフィルムを五、六本集めて、一時間のプログラムをつくることが多くなっています。そのうちの三、四本は子どもが観て楽しめるものを、残りの一、二本を親の心に刺さるものを、というバランスで上映しています。

第二十九回でも、DVや虐待をテーマにした作品を上映しました。こういった深刻なテーマの映画を親子で観る機会は、なかなかありません。けれども映画祭という場であれば、親子で一緒に観て、学んで、話し合うきっかけをつくることができます。

楽しい体験ができて、子どもたちが学べるというだけでは、本当の意味で子どもを幸せにすることにはなりません。子どもたちの幸せを心から願うのであれば、大人も学び、変わらなければならない。オールエイジに観せられる映画を集め、ときには楽しみ、ときには学ぶ。そうすることで、映画祭も社会に貢献できるのではないかと思っています。

子ども映画祭は可能性と希望の塊です。これは私に限らず、関係者の誰もが感じていることだと思います。子どもたちのためなら、不思議と頑張れる。子どもと映画が組み合わさるとみんなが前向きな気持ちになれることが、多くの人が関わってくれる理由です。

最近、あちこちで「この映画祭は、ここから百年続きます」と話しています。私は本気でそう思って、そのために必要なことはなんでもやっていくつもりです。そしていつか年老いて現場から離れたら、次なる私の夢は、『チャーリーズ・エンジェル』のチャーリーのようになること。南の海の船の上から、スタッフの諸君にエールを送り続けたいと思います。

森本千絵

私は、二子玉川の「はじまり はじまり えん」という保育園の空間デザインを手掛けていて、そこに子どもを〇歳から通わせていたんですね。その関係もあって、最初はキネコにいちお客さんとして参加しました。そうしたらすごくいいイベントで、本気で「こんな映画祭があるまちで子どもを育てたい」と思った。世田谷区や東急の仕事もやっていたので、保坂世田谷区長に会った時に「キネコは世田谷区の誇りになっていくイベントだと思います！」と熱く語ったら、後日、たひらさんを紹介してくれました。

それが縁で、最初は国際審査員をやらせていただきました。その後も自発的にＣＭをつくったり、アート・ディレクションの観点から企画書をつくって提案したり、毎年なんらかの形で関わってきたのです。そして三十周年からは、キネコが世界の子ども映画祭と並ぶ、もしくは超えるぐらいに統一感があってアイデアに溢れた映画祭にしていこうと、正式にアート・ディレクターになりました。

私とたひらさんはよく似てると言われます。行動力があるし、周りを巻き込むし、ひとりでも動くべきときは動くタイプ。だからギブ・アンド・テイクのラリーがいつまでも終わらないんですよ。持った球はお互いにすぐ投げ返す。こうしたほうがいいとたひらさんに提案すると、すぐその球が投げ返されて、なぜか結局、自分で言ったことは自分でやることになっている。ラリーが燃え上がりすぎて、そのうち焦げそうです（笑）。でも、ようやくお互いのエネルギーの加減がわかってきて、フィフティ・フィフティになりかけているのが今なのだと思います。

北海道の田舎町で生まれた少年が不良になって、スピルバーグに会いたいと言って、流れに流されて子ども映画祭を始めたわけでしょう。私も流れに流されて、ご縁を大事にデザインをやってきた人間です。そのふたりがここで出会ったというのは、それぞれのご縁力の導き合いなんですよね。三十年の間には、いろいろな人がたひらさんの前から去っていったと思うし、いろいろな苦労をされて今がある。でもひとつだけ言えるのは、私がたひらさんから離れることはないので、その点は「ご安心ください」ということですね（笑）。ただし、言い出しっぺのたひらさんはキネコにいないと絶対にダメです。たひらさんの強い思いがなかったらキネコはここまで広がっていない。だから、百歳になるまで中心にいていただきたい。中心にいるためのサポートは私がいくらでもしますから。

（談）

（もりもと・ちえ　キネコ国際映画祭アート・ディレクター）

特別鼎談

戸田恵子×野本弘文×保坂展人

戸田恵子
とだ・けいこ
キネコ国際映画祭ジェネラル・ディレクター／俳優・声優

たひらみつお
キネコ国際映画祭フェスティバル・ディレクター

野本弘文
のもと・ひろふみ
キネコ国際映画祭プレジデント／東急株式会社代表取締役会長

司会：東浦亮典
とううら・りょうすけ
東急株式会社常務執行役員

保坂展人
ほさか・のぶと
キネコ国際映画祭チェアマン／世田谷区長

理想の映画祭とは

――先日、私（東浦）と戸田さんはイタリアのジッフォーニ国際映画祭に行ってきました。戸田さんはジッフォーニ国際映画祭には今回初めて行かれたんですよね。どんな感想をおもちになりましたか？

戸田　これまで、ドイツ、オランダ、チェコとさまざまな国の映画祭に行かせていただきました。いつも思うのは、海外の映画祭は規模が大きく、計り知れないところがあるということです。ひとりでは映画祭はできない、映画祭を支えるたくさんの人によって土台がつくられているのだという「底力」みたいなものを強く感じるんですね。若い人たちを育てていこうという思いも強く、根底にあるマインドを引き継いでいくことを忘れずにやっている印象を受けました（一八九頁写真）。

――野本さんは二〇一九年にジッフォーニ国際映画祭に行かれていますが、そのときの印象はどうでしたか？

野本　戸田さんがおっしゃられたようなエネルギーは、私も感じました。子どもがたくさん参加していて、みんなが未来に対する視点をもち、一緒になって映画祭を楽しんでいた。私は大学生の前で講演もさせていただいたのですが、快く歓迎していただき、仲間として受け入れてもらえたように思いましたね。

戸田　ジッフォーニは子どもがたくさん招待されていて、とにかく会場が賑やかなんですね。映画の中で恋人がコートをかけてあげるだけで拍手が湧いたり、悲しいときに「おおー」という声が出たり、嬉しいときはドンドンドンと足踏みしたり。みんなが自由に盛り上がりながら映画を観るという光景が印象的でした。あんなに沸いて見てくれると、映画の制作者も嬉しいはずです。今は自分の家でタブレットを使って映画を観ることが主流になっているけれども、大勢で映画を観ることの意義はやっぱりあると思いました。

それと、今回観た映画の中に、病気をテーマにした作品が二本ありました。楽しい映画だけでなく、重いテーマの映画も観られるところがすばらしい。そういった映画を観ると、誰でも考えざるをえなくなるし、それは子どもたちにとってすごくいいことではないでしょうか。親が教えきれないところを、映画によって子どもたちに伝える。子ども映画祭のなにより大事な役目ではないかと思います。

キネコ国際映画祭に協力する理由

――一方のキネコ国際映画祭は、二〇二三年十一月に記念すべき第三十回を迎えます。ご存じのとおり、キネコはあちらこちらに流浪の旅をして、二〇一六年にようやく二子玉川に着地しました。東急が関わるきっかけとなったのは、東急レクリエーションの菅野社長がたひらさんを連れてきたことでしたが、野本さんは「やりたかったのはこれだよ！」と言って、すぐキネコのことを理解されたと聞いています。どのあたりにピンときたのでしょうか？

野本　二子玉川の再開発では、工事を二期に分けていました。後期は賃貸オフィスなどの開発が中心で、都心から離れた二子玉川に企業を誘致するにはどうすればいいかを検討する必要があったんですね。そのときに、これからはどんどんデジタル化が進むはずだから、二子玉川をデジタルコンテンツの殿堂にしようということを考えました。そこでシネコンをつくり、ホテルをつくり、企業にとって働きやすい環境をつくっていったのです。実は公園は、ロケパークにできないかとも話し合っていました。

二子玉川全体をデジタル文化発信の地として、さらにクリエイティブなまちにする。そんなコンセプトのもと、最初の二年間はアート系のイベントも実施しました。ただ、そのイベントでは個々の芸術の主張にとどまり、まち全体の一体感までは生まれなかった。そんなときにキネコの話を聞いて「これだ！」と。私は、東京国際映画祭が渋谷で開催されていたとき、ずっと担当を任されていたので、映画祭に関してそれなりの覚えがありました。子どもたちに向けた映画祭であれば未来につながっていくものになるし、二子玉川というまちにもぴったりです。すぐ「やりなさい」と言いましたよね。

保坂　二子玉川の再開発のコンセプトとして、デジタルコンテンツ、映像文化をひとつの柱にしようという話があり、まちの中にシネコンが出来ました。イッツコムホールもそれを意識してつくられたわけですね。つまり二子玉川には、もともとデジタルコンテンツを意識した舞台装置が備えられていた。

野本　そうですね。はい。

保坂　だけど、そこにぴったりはまる企画がなかなか生まれませんでした。二子玉川は、世田谷区の中でも比較的早く再開発が始まり、十二年前にほぼ今の形が出来上がり、家族連れが遊びに来やすいまちになりました。たくさんの施設がオープンし、乗降客も増えて、新しい都市の形として注目を集めた。ただ、それはモノを買ったり食事をしたりする商業地としての賑やかさでした。私はそれだけでなく、子どもたちがアートや文化に触れられる場がほしいと思っていたし、そのためのコンテンツが二子玉川には必要不可欠ではないかと考えていました。

そこにキネコの話があったんですね。世田谷区は「子ども・子育て応援都市」を宣言しています。子ども映画祭であれば、子どもと映像文化という両方の要素があり、二子玉川のコンセプトにぴったりの企画ができる、そう思ったのです。

野本　区長は芸術や文化に対して造詣《ぞうけい》の深い方なので、提案したらすぐに同意してくださり、今日に至りました。世田谷区が積極的に協力してくれなければ、今のような広がりは生まれていません。公園も河川敷も、民間企業が使わせてくださいと言っても、ハードルが高い。区長のご決断があり、世田谷区はもちろん、地元のみなさんがまちぐるみで協力してくださっているから、今があるのだと思います。

保坂　キネコは何十年も続けてきた実績があること、ライブシネマというまったく新しい試みをやっていることを伺って、それは面白い、ぜひ応援したいとピンときました。ただ、たひらさんは無手勝《むてかつ》流《りゅう》ですから、最初に会ったときは正直「大丈夫かな」とも思いました（笑）。

――そうだったんですね（笑）。行政だとどうしてもリスクをとれないところがあると思いますが、不安を感じつつも共催に踏み切った決め手はどこにあったのでしょうか。

保坂　ひとつは、僕自身が二十代の頃に破天荒な人生を歩んで、経験もないのに大規模なロックコンサートを企画したり、無茶なことをたくさんやってきたので、思わず応援したくなったところがありましたね。

――同じ匂いを感じた（笑）。

保坂　そうですね。最初にたひらさんに言われたのが「この映画祭には熱気球が必要なんだ」ということでした。どうしても熱気球を揚げないと映画祭にならない。そう熱く語るんですけど、彼の直感で必要だというだけで、別にちゃんとした論理はないんですよね（笑）。実際に熱気球も飛ばしましたが、やはりある種ヒューズが飛んでいる部分があることは否めない（笑）。

要するに、感性のマグマで突っ走り、あまり理性的に物事を進めないところがある。ただ、そういう混沌《こんとん》としたものを一回かき混ぜてどうなるだろうというところから創造の芽は出てくると私は思っているんですね。

野本　よくわかります。彼は理屈

じゃないですよね。

保坂　そうなんですよね。本気で心配すれば心配が尽きないところは正直ありましたが、たくさんのハードルを乗り越えて何十年も続けてきたことは事実で、そこは見事だと思うし、キネコは世田谷区が探していたコンテンツには本当にぴったりでした。

それともうひとつ、最初にキネコを観に行ったときに驚いたことがありました。それは、数分の短編から長編作品まで、実に多彩な作品が上映されていたということです。楽しい映画だけでなく、命についての話があったり、いじめられている子を救い出す話があったり。全部が違う国の作品でありながら、どの映画にも共通の考えや感動があった。どの映画も、言葉や文化、風習の違いを乗り越えて、いろいろな国の子どもたちがほぼ同じ感想をもつと伺ったんです。大人の世界がこれだけわかり合えていないだけに、早くから子どもたちが映画を観て育つことには、大きな可能性があると思いました。

そこで、この内容であれば区も肚《はら》を決めて共催でやっていこうじゃないかと。要するに場所貸しするからどうぞということじゃなく、一緒にいいイベントをつくりあげていこうということにしたのです。

戸田　私は「どこでやってるの？」と聞かれたときに「二子玉川です」と言えることに誇らしげな気持ちがあります。自分自身が世田谷区が大好きで、その世田谷区にバックアップしていただき、二子玉川という地で映画祭が開催できていることが自慢なんですよね。二子玉川に移転する前からキネコに関わっていますが、みなさんにご協力いただいたことで、誇らしい気持ちでキネコを紹介できるようになった。その嬉しさとありがたみがものすごくあります。

キネコは上映される作品がすばらしい

――保坂さんと野本さんは、二子玉川への移転がきっかけでキネコに関わり始めましたが、戸田さんは十六年前から関わっていますよね。当時は規模も今ほど大きくなかったと思いますし、突然「映画祭をサポートしてください」と言われたら、普通だったら断ってもおかしくなかったのではないかと思います。なぜ引き受けてもいいと思ったのですか?

戸田　ひとつは、最初の依頼は吹き替え（ライブシネマ）をしてほしいというオファーだったということがあります。吹き替えは私の大きな仕事ですし、それが子どもたちのためのものということだったので、断るという選択はありませんでした。

確かにその頃は、たひらさんも手探り状態でやっていたので、いろいろなことが完璧にはできていませんでしたね。現場は四苦八苦な状態で、私も一緒になって走り回ることになりました。正直、大変なことがたくさんあって、来年はもうやらないかなぁと思うんですよね（笑）。ただ、参加してみて驚いたのは、先ほど区長もおっしゃったように、作品がとても良いということですね。そこに大きな力を感じました。上映される映画が本当にすばらしいので、オファーがきて上映作品の話を聞くと「やっぱりやろうかなぁ」と思ってしまうんです。つまり、キネコで上映される映画には、とても力がある。そのうち徐々にチームも成長して、いろいろなことが実現できるようになっていきましたね。

——ライブシネマは本当にすばらしいですよね。

戸田　ライブで吹き替えしている映画祭というのは、世界じゅうのどこにもないんです。海外から来た監督をはじめ、いろいろな人が「これをいつもやってるの

か！」とびっくりしています。最初は短編から始めましたが、そのうち、これだけやれたら長編もできるのではないかということになり、今はもう百分以上の長編作品も吹き替えていますね。

保坂　ライブシネマは観ているほうも驚きますよね。あまりにも吹き替えが自然なので、ライブで吹き替えしていることを途中で忘れるんです。そして、終わった後にまた思い出す。声優さんってすごいなと思いますね。

戸田　そう言っていただけるとありがたいです。すごく難しい仕事なので、重要な役があって、これはどうしてもプロの声優さんにお願いしたいと思ったときには、自ら出演の交渉をすることもあります。でも、プロの声優さんでもびっくりするんですよ。「ライブでやるの⁉ ちょっと考えられない」って（笑）。一発勝負なので、みなさん、いつもの仕事以上に一生懸命練習してくれます。長年一緒にやっているキネコの声優さんもすごく練習していて、始めた頃よりかなりレベルアップしてきました。キネコとともにみんなが育ってきた。だから、少しぐらいのミスはカバーできるし、いい感じでやれていると思います。

保坂　順番を間違ったりすることはないんですか？

戸田　みなさんにはわからないようにしていますけど、もちろんありますよ（笑）。そこでどうアドリブを利かせるかも、ライブシネマの醍醐味なんです。

これからのキネコはどうあるべきか

――キネコにはこの先もずっと続いていってもらいたいと思いますし、二子玉川に深く根を張ってほしいと思います。未来志向で考えたとき、これからのキネコはどうあるべきだと思いますか？

野本　やはりキーワードは「子ども」ですね。「子ども＝未来」であり、未来には、知性も大事だけれども、感性やＥＱ（情動指数）がますます求められていくのではないでしょうか。映画祭は感性を養うのにぴったりのイベントです。そして、長く継続していくためには、子どもたちが十年後に違った形で関与してくれるような仕組みづくりが必要になってくるでしょう。例えば、観客が主役になれるちょっとしたイベントも合わせてやると、さらにいいイベントになるのではないかと思います。

それとまちぐるみでやっていくことが非常に大切です。二子玉川というエリアがあって、公園や河川、商店街も含めてみんなが自分たちのまちを盛り上げていこうという雰囲気が生まれると、きっといつまでも続いていくのではないでしょうか。

保坂　これはたひらさんにもお伝えしているんですけれども、今の小学生のなりたい職業第一位は「YouTuber」なんです。そして世田谷区では、児童全員がタブレットをもってい

ますので、映像をつくろうと思えばつくることができるんですね。そこで、映画を観に来るだけではなく、子どもたちの作品コンテストをやっても面白いのではないかと思いました。世田谷区には十七の大学と三十八の高校がありますから、大学や高校に作品の募集を呼びかけてもいいかもしれません。少し年上のおにいさんやおねえさんがつくった映画が観られる。そんな企画も面白そうですね。

戸田　それが実現したらすばらしいですね。私は役者として、プレーヤーとして、すごく歯がゆいと思っていることがあります。それは、子どものためにつくられた子ども目線の作品が日本には圧倒的に少ないということです。そういう作品があったら喜んで出演したい、協力したいといつも思っているのですが、そもそも作品があまりない。ここから先は、そういう作品がたくさん生まれるようにキネコが力になれたらいいのではと思っています。

――映画は、社会のある部分を切り取って観せるものなので、それぞれの国の実情が、旅行するよりもずっと見えたりしますよね。ジッフォーニで観た映画の中にも、移民の問題、経済格差の問題、病気の問題、シングルマザーの問題といったさまざまなテーマがありました。正直、日本人の私は、これを子どもに観せていいのかなと思ってしまうような内容もかなり描かれていたんですね。

戸田　そうなんです。海外の映画祭に行くたびに「子どものための映画って、こんなにいっぱいあります？」というぐらい作品があって。例えば内戦や戦争が起こっている国でつくられた作品では、子ども目線で戦争がどのように見えているのかが語られています。あるいは、差別のような根深い問題を扱っている作品もありました。しかもヨーロッパでは、そういった作品がひとつだけで終わらずに、ずっとつくり続けられているというのがすごいところです。日本にも、そういう作品をつくっている監督がいるのかもしれないけれども、なかなか表には出てこない。そこはとても歯がゆいところですね。

――ぜひ、たひらさんに日本の作品もどんどん集めていただきたいですね。

百年先まで続く国際映画祭目指して

——最後になりますが、これまで三十年頑張ってきたたひらさんへの応援メッセージをお願いします。

保坂　たひらさんの挑戦に次ぐ挑戦で今があります。途中には、相当な打撃を受けたこともあったかと思いますが、へこたれずに続けて、三十回目を迎えようとしている。これはやはりものすごいことです。キネコがきっかけで映画の面白さに目覚めた子もいたでしょうし、生きることや友情、家族について、あらためて考えるきっかけをもらった子もいたはずです。そうやって何十年も種まきして大事に育ててきたものが、今、スパイラルを起こし始めています。これからもへこたれずに挑戦し、「キネコといえば二子玉川だよね」とたくさんの人に思ってもらえるまで、ぜひ頑張ってもらいたいです。

野本　月並みな言葉ですけど「継続は力」です。裏を返せば、力がなければ継続はできません。応援してくれる仲間というのも力のひとつですが、本人の強い意思と志が、やはりもっとも重要です。これがなければ継続はまずできない。そういった意味でも、第三十回は区切りではなく通過点と捉える必要があると思います。第百回までは、さすがにたひらさん自身がやることは難しいかもしれませんが、それまでにたひらさんの意思と志を次の世代にバトンタッチしてつなげていってもらいたい。世田谷区が中心となり、東急が一緒になってつくりあげていくことで、百年後もみんなが楽しみにしている映画祭にできたらいいですよね。それだけの力をキネコ国際映画祭はもっていると思います。

戸田　声の仕事をしている人は五万といる中で、最初に私にお声がけいただいたことがすべての始まりとなりました。何度も言いますが、私は上映作品がいいということをみんなに訴えたくてやってきたところがあります。だからたひらさんとは、特に個人的なお付き合いもなく、ビジネスライクな関係ではあるんですよね（笑）。ただ、なんだかんだとここまで協力し、継続してきた〝縁〟みたいなものはあるような気がしています。今回も、本をつくりましょうと周りから声が上がったと聞いていますが、そういう人々に巡り合っているところが、もはやたひらさんの力ではないでしょうか。映画文化への理解が深まり、作品さえよければ黙っていても継続していくという社会になっていったら、こんなにすばらしいことはありません。そのためにも、この先、五十回、百回と、ぜひキネコを続けていってもらいたいと思います。

たひら　今日は黒衣《くろご》に徹して、口を出さずにじっとみなさんのお話を伺っていましたが、最後にひと言だけ。

司会の東浦さんはじめ、みなさんのキネコに対する熱い想いを聞きながら、三十年続けてきてよかったとつくづく思いました。二〇二二年は、実は三十年の映画祭の歴史の中でもっともつらい一年間でした。しかしそれを乗り越えて、今は東急のみなさんにも世田谷区のみなさんにも大変応援してもらっています。これなら本当に、ここから五十年、百年続いていけると、私自身も手応えを感じているところです。きっとまたいろいろな事件が起きることとは思いますが、やれるところまで頑張りたいとあらためて思いました。本日はお集まりいただき、本当にありがとうございました。

（二〇二三年八月一日　於：二子玉川 エクセルホテル東急）

あとがき

この本の企画を東急の東浦亮典常務からいただいたとき、私はずいぶん迷いました。私の話をいったい誰が面白がってくれるのか。ハチャメチャなことをいっぱいやってきたし、トラブルや事件がありすぎて、ひょっとして本を出しても映画祭にとってはマイナスにしかならないのではないか。正直、不安しか感じませんでした。

しかし、こうして三十年の歴史を振り返ってみると、映画祭をつくる大変さとともに、私という一人の人間を突き動かしてきた映画祭の魅力とすばらしさを痛感します。波瀾万丈《はらんばんじょう》の五十九年でしたが、とにかくここまで続けてきて、今、キネコ国際映画祭は多くの人に愛され、必要とされている。満足のいく真心籠った映画祭がつくれているということだけは、疑いようのない事実です。

なぜここまで長い間、こんなに大変なことが頑張れたのか。

もちろん映画が好きだからということはあると思います。ただそれ以上に、子どもたちがスクリーンに釘付けになっている姿を見ていると、いささか恩着せがましい言い方ですが、「いいことやってるよなぁ」と思える瞬間がたくさんあったからだと思っています。キネコで観た映画が子どもたちの成長につながっていくと思うと嬉しいし、こんな私でも少しは社会の役に立てているのだと感じるたびに、頑張ることができたのです。

私は、自分の人生があまりにも支離滅裂で、誇れるものが何もない人間だという劣等感のような気持ちをずっと抱いていました。そして何もないからこそ、何かひとつでいいから最後までやれる「いいこと」を見つけたいという思いがありました。

子どもたちに映画との出会いを提供することは誰が見ても間違いなく「いいこと」です。人から感謝もされるし、みんなが喜んでくれます。私が映画に救われたように、ひょっとしたらどこかで人助けになっているかもしれません。だから、これは「私の使命だ」と思ってやってきました。これまで、学校を退学になったり、仕事をクビになってきましたが、映画祭だけはかろうじて退学にならず、続けることができています。映画祭には、私が大好きな〝大きなロマン〟があるからです。

子どもにとって、ときに映画がどれほど救いになるかということを、身をもって知っている私が子どもたちに映画との出会いを提供している。そのことに、偶然とはいえ、何かしらの運命を感じます。そして映画は、大人になった私にも映画祭づくりをとおして多くの幸せと希望、そして、たくさんの試練を与えてくれました。私は小学三年生のあのときからずっと、映画から学び、成長させてもらっているのです。

私は今、とても幸せです。きっと好きなことがやれているからだと思います。自分がやりたかった映画祭のディレクションという仕事をやれている。キネコを支えてくれる先輩方やたくさんの仲間がいて、会場には子どもたちの楽しそうな笑顔があり、真の国際映画祭をつくるという夢が形になりつつある。そんな映画祭を三十年もかけてつくってきたというかけがえのないロマンもあります。私はすでに、キネコを通じてたくさんの〝出会い〟というご褒美をいただきました。だからもう、この先はただ映画祭を楽しみたい。

キネコはいよいよ私のもとから大きく羽ばたこうとしています。たくさんの人の思いが今のキネコには詰まっているし、たくさんの人の力が、今のキネコを動かしています。きっと、ますます多くの人の思いと力が加わって、もっとすばらしい映画祭になっていくに違いありません。私だけでなく、みんなの物語となって、百年先まで続いていくはずです。

この殺伐とした世の中に、多くの人が集まって、子どもたちのために映画祭をつくる。それがまち全体を活気づけて、かかわる人みんなを幸せにしていく。こんなに「いいこと」がほかにあるでしょうか。

映画祭を中心に広がっていく明るい未来を私は想像しています。そして、絶対にそうなると、相変わらず何の根拠もないのですが、自信をもってそう信じています。

そして、ここまでキネコの力になってくださった多くのみなさまに感謝を。

少しも大人になれない私に辛抱強く付き合い、寄り添ってくださった一般社団法人キネコ・フィルム代表の椎名保さん、株式会社東急レクリエーション代表取締役の菅野信三さん、子どもたちにいい映画を届けたいと常に力になってくださっている戸田恵子さん、中山秀征さん、高橋克典さん、横山だいすけさん、井ノ原快彦さん、本当にありがとうございます。みなさんの支えがなければ私は絶対にここまで頑張ることはできませんでした。

ほかにも、東急株式会社社会長の野本弘文さん、世田谷区長の保坂展人さん、昼間行雄さん、立本倫子さん、長谷川仁さん、小畠安雄さん、セコム株式会社常務取締役の布施達朗さんなど、多くの方々のご協力とご尽力のおかげで、今のキネコ国際映画祭があります。ここから先のキネコの旅も、ともに歩んでいただけるなら、これほど嬉しいことはありません。

最後に伝えたい感謝は、東急の映画祭スタッフのみなさん、カイクラフトのみんな、私の家族へ。いつも見守っていてくれてありがとうございます。

もしこの本を読んで少しでもキネコ国際映画祭に興味をもった方がいたら、まずは気軽に遊びに来てほしいと思います。キネコ国際映画祭は毎年十一月上旬に開催しています。映画上映はもちろん、まちじゅうがパレードのように賑わっていて、絶対に楽しめること間違いなしです。ぜひ、二子玉川でお会いしましょう。

キネコ国際映画祭関連年表（1992〜2023）

1992年

第1回　キンダー・フィルムフェスト・ジャパン

8月11日　東京ドイツ文化センター（オープニング特別上映）
8月12〜16日　東京都児童会館

上映作品『金魚を助けた日』（監督：カンプジア・パートヴィ／イラン）『まほうのしりぴっぺん!!』（監督：スタファン・ゲスタム／スウェーデン）『ロケットとU.F.O.』（監督：カルスト・ファン・デル・ミューレン／オランダ）他

※ベルリン国際映画祭児童部門ディレクター、レナーテ・ツィラ女史を招待。

1993年

第2回　キンダー・フィルムフェスト・ジャパン

8月14〜18日　東邦生命ホール
8月10〜22日　こどもの城

上映作品『ペンナイフ』（監督：ベン・ソンボハルト／オランダ）『マニュエル』（監督：フランソワ・ラボンテ／カナダ）『ジャスパーのおばけ』（監督：ブリタ・ヴィロポルスカ／デンマーク）『サバビアの魔女たち』（監督：ドゥラホミーラ・クラロバー／チェコ）〈特別招待作品〉『お引越し』（監督：相米慎二／日本）〈ベスト・アニメ・コレクション〉『オレンジ』（監督：ジャンヌ・シャトラン／カナダ）『最後のマンモス』（監督：ユーハン・ハーゲルバック／スウェーデン）『アダム』（監督：ピーター・ロード／イギリス）他

1994年

第3回　キンダー・フィルムフェスト・ジャパン

7月25〜26日　ホテル　ニューオータニ
7月27〜31日　パルテノン多摩小ホール
7月30日〜8月12日　こどもの城（特別協力企画）
7月30日〜8月2日　エルパーク仙台　ギャラリーホール・スタジオホール
8月18〜20日　京都市女性総合センター

上映作品『マチルダ』（監督：デイビッド・エルフィック／オーストラリア）『カラコム』（監督：アーレント・アクテ／ドイツ・トルク

メニスタン）『サラの勝利』（監督：レンゾ・マルリネッリ／イタリア）『金色のサッカーボール』（監督：シェイク・ドゥクール／フランス・ギニア）『カルと天使』（監督：オーレ・ビョルン・サルヴェセン／ノルウェー・スウェーデン）『天国からの返事』（監督：ワン・チュンチョン／中国）『地球っ子』（監督：槇坪夛鶴子／日本）／〈ベスト・アニメ・コレクション〉『ピンケは帰れない』（監督：レンナート・グスタフソン／スウェーデン）『だんまりこおろぎ』（監督：アンドリュー・ゴフ／イギリス）他

1995年

第4回　キンダー・フィルムフェスト・ジャパン
7月20〜8月4日　こどもの城　Bスタジオ
上映作品〈世界の最新こども劇映画〉『戦争子午線』（中国）『最後の冬の日々』（カザフスタン）『小さなひったくり』（オランダ）『5等になりたい。』（日本）〈世界のアニメ最新作セレクション〉『うしろとび』（スウェーデン）『白いゾウ』（インド）他〈ムーミン特集〉『それからどうなるの？』（スウェーデン）〈高畑勲特集〉『セロ弾きのゴーシュ』他

1996年

第5回　キンダー・フィルムフェスト・ジャパン〜プレフェスティバル
7月20日〜8月4日　こどもの城　Bスタジオ
上映作品〈特集カナダのアニメーション〉『開会の辞』（監督：ノーマン・マクラレン）『ムービー・ムービー』（監督：ドン・ホワイト）『ドアからドアへ』（監督：ザベル・コーテ）『子どもなのに』（監督：ジャック・ドローアン）『二羽の小鳥』（監督：エヴリン・ランバート）他〈特集グラハム・ラルフ（イギリス）〉『アニーとテディベア（後に『テディとアニー』に改題）』『おふろの中のクモ』『ハリネズミ狩り』『親友』他〈特集山村浩二（日本）〉『カロとピヨブプト〜おうち〜』『ふしぎなエレベーター』『キッズキャッスル』他
※この年から声優による生吹き替えの「ライブシネマ」実施。／子ども映画の魅力を教えてくれた作品、『テディとアニー』に出会う。同作品の監督グラハム・ラルフ氏が来日。

1997年

第5回　キンダー・フィルムフェスト・ジャパン
7月20日〜8月3日　こどもの城　Aスタジオ・Bスタジオ
7月27日　東京ウィメンズプラザ・ホール
8月8〜10日　京都市国際交流会館
上映作品〈長編映画コンペティション〉『マイ・フレンド・ジョー』（監督：クリス・ボールド／ドイツ・アイルランド・イギリス）『おじいちゃんを探して』（監督：ハムレ・ハンメリック／スウェーデン）『絵の中のぼくの村』（監督：東陽一／日本）〈短編ア

ニメコンペティション〉『アニーとテディベア』（監督：グラハム・ラルフ／イギリス）『大きくなったらトラになるんだい』（監督：アン・ヴロムヴァウト／イギリス）『アニメーターの夢』（監督：キャトロー姉妹／アメリカ）他

1998年

第6回　キンダー・フィルムフェスト・ジャパン

7月23日〜8月2日　こどもの城　Aスタジオ・Bスタジオ

8月7〜9日　京都市国際交流会館

8月8〜14日　神戸アートビレッジセンター

上映作品　〈世界の最新子ども映画〉『穴をほる少年』（監督：エリック・デ・フレーデン／オランダ）『おかしな友だち』（監督：カイ・マステンブルック／メキシコ）『おてあげ』（監督：マーティン・ヘンリクセン／デンマーク）『林檎のうさぎ』（監督：小林広司／日本）〈オランダ・アニメ・スペシャル〉『音楽の妖精』（監督：エレン・メスケ）他〈世界のアニメ・セレクション〉『リトルウルフ』（監督：アン・ヴロムヴァウト／イギリス）〈幼児から楽しめるカナダのアニメ（コ・ホードマン特集）〉『砂の城』他〈ふしぎアニメ・山村浩二傑作選〉『パクシ』他

1999年

第7回　キンダー・フィルムフェスト・ジャパン

7月23日〜8月6日　こどもの城　Aスタジオ・Bスタジオ

8月6〜8日　京都市国際交流会館

上映作品　〈ノミネート作品〉『どろぼう3人組』（監督：アンドレアス・プロフェスカ／オーストリア）『夏休み3人組』（監督：セシリオ・ネイト／ブラジル）『ぼくのおにいちゃん』（監督：ヘンリック・リューベン・ゲンツ／デンマーク）『ショーンの冒険〜はじめての雪〜』（監督：グラハム・ラルフ／イギリス）〈特別招待作品〉『ズッコケ三人組』（監督：鹿島勤／日本）『のばらの村のものがたり〜春のピクニック／小川のほとりで〜』（監督：ブライアン・リトル／イギリス）他〈世界の最新アニメ作品集〉『どっちにする?』（監督：山村浩二／日本）『すてきなミリー』（監督：アレキサンドラ・シャッツ／ドイツ）他〈ベルリン・セレクション〉『マニュピレーション』（監督：ダニエル・グリーブス／イギリス）『カロとピヨブプト〜おうち〜』（監督：山村浩二／日本）他

※映画の生吹き替え「ライブシネマ」を行う声優チームを結成。

2000年

第8回　キンダー・フィルム・フェスティバル

7月28日〜8月6日　こどもの城　Aスタジオ・Bスタジオ

8月11〜13日　京都市国際交流会館
上映作品〈長編劇映画〉『チャッキー』(監督：エラ・レムハーゲン/スウェーデン)『冬物語』(監督：フランソワ・ブービエ/カナダ)『原野の子ら』(監督：中山節夫/日本)〈短編劇映画とアニメ〉『おうちへ帰ろう』(監督：ミカエル・W・ホシュテン/デンマーク)『ゴジラ対オランダ』(監督：シッケ・ジャリンジー/オランダ)『クロゼット』(ラーシュ・ベルグ/ノルウェー)『フラットワールド』(監督：ダニエル・グリーブス/イギリス)他〈アレキサンドラ・シャッツ(ドイツ)特集〉『ワニのルーシー』『すてきなミリー』『大きなネコと小さなネコ』他
※映画祭名を〈キンダー・フィルム・フェスティバル〉と改める。

2001年

第9回　キンダー・フィルム・フェスティバル
7月28日〜8月5日　こどもの城　Aスタジオ・Bスタジオ
上映作品〈こども審査員コンペティションノミネート作品〉ドラマ部門『ベルリン・エンジェル』(監督：アンドレア・カッツェンバーガー/ドイツ)『なぎさ』(監督：小沼勝/日本)『独立少年合唱団』(監督：緒方明/日本)『神さま お願い！』(監督：セシリア・ホルベック・トリアー/デンマーク)『白いときめき』(監督：リリアナ・シュルツバック、アンジェラ・ピレス/ブラジル)/アニメ部門『となかいロビー』(監督：リチャード・ゴルゾウスキー/イギリス)『ブリーダンス』(監督：ジャネット・パールマン/カナダ)『ルドヴィック〜おじいちゃんち へ行く〜』(監督：コ・ホードマン/カナダ)他

2002年

第10回　キンダー・フィルム・フェスティバル
8月2〜10日　こどもの城　Aスタジオ・Bスタジオ/青山円形劇場
上映作品〈こども審査員コンペティションノミネート作品〉長編ドラマ部門『センド・モア・キャンディ〜一瞬の夏〜』(監督：セシリア・ホルベック・トリアー/デンマーク)『ミヌース』(監督：ヴィンセント・バル/オランダ)『アヒル救出大作戦』(監督：ディ・ドリュー/オーストラリア)『パコダテ人』(監督：前田哲/日本)〈世界の人気アニメ特集〉『ピングー』(制作：オットマー・グットマン/スイス)『きかんしゃトーマス』(制作：ブリット・オールクロフト/イギリス)『しまじろうとふしぎがもりのひみつ』(監督：鳥海永行/日本)他〈テディベア生誕100周年記念特集〉『テディとアニー』他

2003年

第11回　キンダー・フィルム・フェスティバル
8月2〜8日　こどもの城　Aスタジオ・Bスタジオ
8月9・10日　青山円形劇場

上映作品〈こども審査員コンペティションノミネート作品〉ドラマ部門『ライオンのように強く』（監督：マン・リンドウォール／スウェーデン）『天使に会える街』（監督：ハーレー・コクリス／イギリス）『ヒューゴとドラゴン』（監督：フィリップ・バイロック／カナダ）『車輪の上』（監督：水落拓平／日本）『ごめん』（監督：富樫森／日本）アニメ部門『マレーネとフロリアン』（監督：アニータ・キリ／ノルウェー）『熊になりたかった少年』（監督：ジャニック・ハストラップ／デンマーク）『きりぎりす・ジム』（監督：ガン・ヤコブセン／スウェーデン）『ドッティー』（監督：ダウン・ウェストレイク／アメリカ）他

2004年

第12回　キンダー・フィルム・フェスティバル

8月13～22日　こどもの城　Bスタジオ／青山円形劇場

上映作品〈こども審査員コンペティションノミネート作品〉ドラマ部門『リトル・ダディー』（監督：ミケール・W・ホーステン／デンマーク）『ヨンの初恋』（監督：パク・スンウク／韓国）『ホテル・ハイビスカス』（監督：中江裕司／日本）『マイ・シスターズ・キッズ』（監督：トーマス・ヴィロン・イエンセン／デンマーク）『フィア』（監督：エルサ・クヴァンメ／ノルウェー）『エリーナ』（監督：クラウス・ヘールエー／スウェーデン）アニメーション部門『あらしの夜』（監督：ミシェル・レミュー／カナダ）『わがままなおきゃくさま』（監督：レンナート&イルヴァ＝リ・グスタフソン／スウェーデン）『ルゥルゥ』（監督：セルジュ・エリサルド／フランス）『ビートル・ボーイ』（監督：アレキサンドラ・シャッツ／ドイツ）他

2005年

第13回　キンダー・フィルム・フェスティバル

8月4～14日　こどもの城　Bスタジオ／青山円形劇場

上映作品〈コンペティションノミネート作品〉ドラマ部門『ハッピーバースデイ！』（監督：ニーナ・F・グルンフェルド／ノルウェー）『少女と雨』（監督：ホルガー・エルンスト／ドイツ）『走れ！アディパス』（監督：テオ・パパドゥラキス／ギリシャ）『デリバリーデイ』（監督：ジェイン・マニング／オーストラリア）『イン　オレンジ』（監督：ヨラン・レルセン／オランダ）アニメーション部門『ブルテンのお友達探し』（監督：レンナート&イルヴァ＝リ・グスタフソン／スウェーデン）『モグラの宝もの』（監督：ティニ・サウボ／フィンランド）『大好きよクリサンティマム』（監督：ヴァージニア・ウィルコス／アメリカ）他

2006年

第14回　キンダー・フィルム・フェスティバル

8月4～6日　日野市民会館
8月8～13日　こどもの城／青山円形劇場

上映作品〈コンペティションノミネート作品〉ドラマ部門『ビッグ・ガール』（監督：レヌカ・ジェイヤパラン／カナダ）

『ラッキー』（監督：アヴィー・ルスラ／イギリス）『やさしいジャバ』（監督：アリ・ヴァズィリアン／イラン）『はじめてのサンタクロース』（監督：ミーシャ・カンプ／オランダ・ベルギー）『ルーディ』（監督：カトリン・ラウル／エストニア・ドイツ・フィンランド）／アニメ部門『ほほえみの魚』（監督：アラン・トゥアン、シー・ジェイ・スー、ポーリァン・リン／台湾）『リトル・プリンセス』（監督：エドワード・フォスター／イギリス）『アントライオン』（監督：ダッツェ・リドゥゼ／ラトビア）『ハリエットの気球大冒険』（監督：アンナ・ベングツソン／スウェーデン）他

2007年

第15回　キンダー・フィルム・フェスティバル

8月7～12日　こどもの城／青山円形劇場

上映作品〈コンペティション作品〉『ぼくのゴール』（監督：Ran Carmeli／イスラエル）『道ばたのリンゴ』（監督：Mehdi Jafari／イラン）『たいせつなこと』（監督：Kjell Sundvall／スウェーデン）『うさぎのウィリーと森のともだち』（監督：レンナート＆イルヴァ＝リ・グスタフソン／スウェーデン）『やさしいきもち』（監督：インカ・フリーゼ、シモーヌ・ヘフト／ドイツ）『ぼくの「なんで？」』（監督：マティアス・ブルーン、インカ・フリーゼ／ドイツ）『ピパリーナ～お月さま～』（監督：Bettina Björnberg-Aminoff／フィンランド）『年をとった鰐』（監督：山村浩二／日本）他〈特別上映作品〉『トムとジェリー』（監督：ウィリアム・ハンナ、ジョセフ・バーベラ／アメリカ）『ひつじのショーン』（監督：リチャード・ゴルゾウスキー／イギリス）他

2008年

第16回　キンダー・フィルム・フェスティバル

8月9～12日　こどもの城／青山円形劇場

8月14～16日　調布市文化会館　たづくり

8月17日　調布市グリーンホール

上映作品〈コンペティション作品〉ドラマ部門『ウィンキーの白い馬Ⅱ』（監督：ミーシャ・カンプ／オランダ）『10歳のカーラ～クリスマスの奇跡～』（監督：シャルロッテ・サッシュ・ボストロップ／デンマーク）『アナの友だち？』（監督：マリア・ボルム／スウェーデン）『ニューボーイ～友だちへのステップ～』（監督：ステフ・グリーン／アイルランド）『ヘルマーおじさんの大切な色』（監督：マッツ・オロフ・オルセン／スウェーデン）アニメ部門『昆虫家族のゆかいな休日』（エヴァラッド・ラシス／ラトビア）『ロシアのくま物語』（監督：マリナ・カルポヴァ／ロシア）『グイゴロッシュ』（監督：サージェイ・メリノフ／ロシア）『わすれられないおくりもの』（監督：ユーゲン・エゲノフ、テオ・カープ／ドイツ）『ポスト！』（監督：マティアス・ブルーン、クリスチャン・アスムセン／ドイツ）他

※この年、戸田恵子さんが映画祭に初参加。

2009年

第17回　キンダー・フィルム・フェスティバル
8月9〜12日　こどもの城／青山円形劇場
8月20〜23日　調布市文化会館　たづくり
上映作品　〈コンペティション作品〉『ムルと子犬』（監督：Kaisa Rastimo／フィンランド）『マラソンガール』（監督：Maria Peters／オランダ）『スマイル！』（監督：Bair Dyshenov／ロシア）『ピーターとおおかみ』（監督：Suzie Templeton／イギリス・ポーランド）『ブーとバーとおともだち』（監督：Anna & Staffan Erlandsson／スウェーデン）『ネズミの嫁さがし』（監督：Natalya Berezovaya／ロシア）『はだかのおしりのちびカラス』（監督：Raimke Groothuizen／オランダ）『優しい出会い』（監督：Reinis Kalnaellis／ラトビア）他〈特別上映作品〉『ピングー』『マレーネとフロリアン』『テディとアニー』他

2010年

第18回　キンダー・フィルム・フェスティバル
8月10日　こどもの城／青山円形劇場
8月19〜22日　調布市文化会館　たづくり
上映作品　〈コンペティション作品〉『小さなバイキング　ビッケ』（監督：ミヒャエル・ブリー・ヘルビヒ／ドイツ）『スーパーブラザー』（監督：ビルガー・ラースン／デンマーク）『マイマイ新子と千年の魔法』（監督：片渕須直／日本）『ジョアンニの自慢のパパ』（監督：レイモンド・デラ・カルチェ／イタリア）『ぼく、ねむくないもん！』（監督：リゼロッテ・ブルームバーグ／スウェーデン）『ヤギのお菓子ハウス』（マリーナ・カルポワ／ロシア）『わたしゴリラ？』（監督：ハンナ・ベルグホルム／フィンランド）他〈特別上映作品〉『かいじゅうたちのいるところ』（監督：スパイク・ジョーンズ／アメリカ）『ミッフィーとおともだち』（原作：ディック・ブルーナ／オランダ）他
※声優チーム「KLA's」の誕生

2011年

第19回　キンダー・フィルム・フェスティバル
8月12・13日　日比谷公会堂
8月18〜21日　調布市文化会館　たづくり
上映作品　〈日本未公開作品　Competition〉『どうぶつ会議』（監督：ラインハルト・クロース、ホルガー・タッペ／ドイツ）『ローラ！』（監督：フランチスカ・ブッフ／ドイツ）『サンドマンと夢の砂』（監督：シネム・サカオル／フランス・ドイツ）『ランウェイ』（監督：イアン・パワー／ルクセンブルク・アイルランド）『どんぐりさんの冒険』（監督：ダッチェ・リドゥゼ／ラトビア）『ぼくたちのひみつ』（監督：イェズス・ペレス、エリザベス・ウターマン／スイス）『オオカミと羊飼い』（監督：レベッカ・アコン／イスラエ

ル）『ポンタと遠足』（監督：ガリレオ／日本）『ランチ』（監督：キャサンドラ・ングエン／オーストラリア）『ベリーとドリー』（監督：ゲーザ・エム・トート／ハンガリー）他〈特別上映作品〉『リサとガスパール』（原作：アン・グットマン、ゲオルグ・ハレンスレーベン／フランス）『はらぺこあおむし』（監督：アンドリュー・ガフ／イギリス）他
※東日本大震災が発生後わずか1ヶ月後に「東北応援上映会」を実施。戸田恵子さん率いる技術スタッフ8名が被災地を訪問し、「ふくしま元気エネルギー映画祭」を開催。／中山秀征さんが映画祭に初参加。初めて来場者数が1万人を超える。

2012年

第20回　キンダー・フィルム・フェスティバル
8月15〜19日　調布市グリーンホール
上映作品〈コンペティション作品〉長編部門『ビッケと神々の秘宝』（監督：クリスティアン・ディッター／ドイツ）『ロッテの冒険〜月の石を探せ！〜』（監督：ヤンノ・ポルドマ、ヘイキ・エルニッツ／ラトビア・エストニア）『しあわせのカラス』（監督：バウデワイン・コーレ／オランダ）『ももへの手紙』（監督：沖浦啓之／日本）短編部門『ジュリアン』（監督：マシュー・ムーア／オーストラリア）『モフィ』（監督：フランチェスコ・ミッセーリ／日本・イタリア）『ミートボールの一日』（監督：ヨーワン・ハーゲルベック／スウェーデン）『ボール』（監督：カットヤ・ロバーツ／イギリス）『お天気ガエル』（監督：パウリーネ・コルトマン／ドイツ）他〈特別上映作品〉『こま撮りえいがこまねこ〜はじめのいっぽ〜』（監督：合田経郎／日本）『チャップリン〜犬の生活〜』（監督：チャーリー・チャップリン／アメリカ）他

2013年

第21回　キンダー・フィルム・フェスティバル
8月7〜11日　調布市グリーンホール
上映作品〈コンペティション作品〉長編部門『少年H』（監督：降旗康男／日本）『自転車少年フレディ』（監督：ゲルト・エンブレヒツ／ベルギー・オランダ）『空とぶニコ』（監督：カリ・ユーソネン／フィンランド）短編部門『ピーターラビット〜ラディッシュどろぼうのおはなし〜』（監督：デイビッド・マッカムリー／イギリス）『こまねこのおるすばん』（監督：合田経郎／日本）『Moon〜ムーン〜』（監督ケイト・カーター／イギリス）『はつこい』（監督：マルヒン・ロガー／オランダ）『ハリネズミとチップ』（監督：エヴァラッド・ラシス／ラトビア）『ストライキ大作戦！』（監督：ジェレミー・マーシー／ニュージーランド）『路地裏のおもちゃ』（監督：ホン・フェルナンデス・ロペス、ガブリエラ・マルティネス・ガルサ／メキシコ）他〈イギリス・アニメの巨匠　グラハム・ラルフ特集〉『ウィリアムの赤い長靴』『スパイダー』他〈特別上映作品〉『きかんしゃトーマス』『ピングー』他
※絵本作家の立本倫子さんデザインによる映画祭公式キャラクター「キネコ」が誕生。

2014年

第22回　キンダー・フィルム・フェスティバル

8月13～17日　調布市グリーンホール

上映作品　〈コンペティション作品〉長編部門『ピノキオ』（監督：アンナ・ジャスティス／ドイツ）『ブラム』（監督：アナ・ファン・デル・ヘイデ／オランダ）『ジョバンニの島』（監督：西久保瑞穂／日本）『ぼくとママの追いかけっこ』（監督：ファン・ガン・リャン／中国）『ちいさなバイオリニスト』（監督：フランス・ヴァイス／オランダ・ベルギー）短編部門『あかい色えんぴつ』（監督：ダッツェ・リドゥゼ／ラトビア）『コロボック』（監督：マリーナ・カルポワ／ロシア）『ティンカン』（監督：タチアナ・キシェリョーワ／ロシア）『雨のおまじない』（監督：アディティア・アハマド／インドネシア）『ジザンのチョコレート』（監督：デルヤ・ドゥルマズ／トルコ）『魔法のピアノ』（監督：マグダレーナ・オシンスカ／ポーランド）〈特別上映作品〉『しまじろうのわお！～みんないきている～』（監督：しぎのあきら／日本）『チャップリン　サーカス』（監督：チャーリー・チャップリン／アメリカ）他

2015年

第23回　キネコ国際映画祭

8月11～15日　渋谷区文化総合センター大和田さくらホール

8月12～15日　シダックス・カルチャービレッジ

8月7～11日　調布市グリーンホール

上映作品　〈コンペティション作品〉『しあわせなアヒルの子』（監督：オリヴィエ・ランジェ／ベルギー・フランス）『ワールドエンド！フィニーとノアの箱舟』（監督：トビー・ゲンケル、ショーン・マコーマック／ドイツ・ベルギー・ルクセンブルク・アイスランド）『ウブロじいさんといぬ』（監督：ロレント・ヴィッツ／ルクセンブルク）『ウサギのてんこうせい』（監督：ナタリー・ヴァンデン＝ダンゲン／オーストラリア）『しまうま』（監督：ユリア・オッカー／ドイツ）『風船のてがみ』（監督：マタン・ペレド／イスラエル）『アイスクリーム』（監督：セルハット・カラアスラン／トルコ）『ゴールデンタイム』（監督：稲葉卓也／日本）『寫眞館』（監督：なかむらたかし／日本）他〈特別上映作品〉『かぐや姫の物語』（監督・原案：高畑勲／日本）『山賊の娘ローニャ～かみなりの夜の子～』（監督：宮崎吾朗／日本）他

※映画祭名を〈キネコ国際映画祭〉と改める。

2016年

第24回　キネコ国際映画祭

11月2～6日　109シネマズ二子玉川／iTSCOM STUDIO&HALL二子玉川ライズ他

上映作品　『ソフィアとおばあちゃん』（監督：エフィー・パパ／ギリシャ・イギリス）『バーント』（監督：デヴィン・ベル／アメリカ）『二人がみた夢』（監督：ハヴィ・ナヴァロ／スペイン）『パスタ刑事《デカ》』（監督：ニール＝レアーナ・フォルマール／ドイツ）『犬どろ

ぼう完全計画』（監督：キム・ソンホ／韓国）『アブレレ』（監督：ヨナタン・ジーバ／イスラエル）『パウ』（監督：ロベルト・ペジョ／ハンガリー）『ハイジ』（監督：アラン・グスポーナー／ドイツ・スイス）『ちえりとチェリー』（監督：中村誠／日本）『クハナ！』（監督：秦建日子／日本）『ルドルフとイッパイアッテナ』（監督：湯山邦彦・榊原幹典／日本）他

※映画会場を二子玉川に移し、東急グループがメインスポンサーとなる。／高橋克典さんが映画祭に初参加。

2017年

第25回　キネコ国際映画祭

11月2〜6日　109シネマズ二子玉川／iTSCOM STUDIO&HALL二子玉川ライズ／兵庫島公園他

上映作品 『お砂糖の森』（監督：カルニ・アリエリ、サウル・フリード／イギリス）『アンタはいいよね！』（監督：ズザナ・カリヴォダ・ブラッハチュコバー／チェコ）『チョコレートの兵隊さん』（監督：ジャクソン・スミス／アメリカ）『ぽすくま「ドキドキのごあいさつ」』（監督：沼口雅徳／日本）『届け、チベットの歌声』（監督：チャン・ウェイ／中国）『ウェンディと白い馬』（監督：ダグマー・ゾイメ／ドイツ）『藍色少年少女〜Indigo Children〜』（監督：倉田健次／日本）『パパと暮らす』（監督：エヴィ・ゴールドブルンナー、ヨアキム・ドルホップフ／ドイツ）『きっと大丈夫！〜ガールズ ホーム・アローン〜』（監督：ノルベルト・レヒナー／ドイツ）他〈25周年特別企画　野外上映〉『メアリと魔女の花』（監督：米林宏昌／日本）

※来場者数が初めて10万人を超える。／横山だいすけさんが映画祭に初参加。

2018年

第26回　キネコ国際映画祭

11月22〜26日　109シネマズ二子玉川／iTSCOM STUDIO&HALL二子玉川ライズ

上映作品 『大人になりたい』（監督：ニルズ・ヘディンゲル／スイス）『ペンギンのウェイター』（監督：ユリア・オッカー／ドイツ）『真っ赤なリンゴ』（監督：アナ・ホルヴァット／クロアチア）『氷河期の夏』（監督：青柳清美／日本）『二人のたから箱』（監督：M・R・ウィービーン／インド）『生きのびるために』（監督：ノラ・トゥーミー／アイルランド・カナダ・ルクセンブルク）『きみは友だち』（監督：レイモンド・タン／シンガポール）『ゆずの葉ゆれて』（監督：神園浩司／日本）『オレンジ・ライト』（監督：ファン・ジワン／韓国）他

※世田谷区が共催となり、二子玉川公園まで会場が広がる。

2019年

第27回　キネコ国際映画祭

11月1〜5日　109シネマズ二子玉川／iTSCOM STUDIO&HALL二子玉川ライズ

上映作品 『ハングリー』（監督：ヤオー・チェン／アメリカ）『カメさんの中距離走』（監督：ニコラ・デヴォー／フランス）『お月さまのアイリン』（監督：クラウディア・ルイス／アルゼンチン）『マッシュの冒険』（監督：冨樫哲平／日本）『アー・ユー・バレーボール？』（監督：モハメッド・バッヒシ／イラン）『ねこのテオフラストス』（監督：セルゲイ・キプス／エストニア）『アリスとルイス』（監督：エリナ・ストリート／アメリカ・オーストラリア・フランス・イギリス）『お母さんの夢』（監督：イ・イェソン／韓国）『おばあちゃんと一緒』（監督：バウイーン・ポール／オランダ）他

2020年

※新型コロナウイルス（COVID-19）の影響を受け中止を決定。

2021年

※新型コロナウイルス（COVID-19）の影響で、11月実施予定だった第28回を22年3月に延期。

2022年

第28回　キネコ国際映画祭

3月18～22日　iTSCOM STUDIO&HALL二子玉川ライズ／109シネマズ二子玉川／玉川髙島屋S・C西館1Fアレーナホール／シュクレペール／studio Couleurs

上映作品 『ブランケット』（監督：マリナ・モシュコワ／ロシア）『ドタバタ発表会』（監督：ロイク・ブリュイエール／フランス）『幸せピエロ』（監督：ベロニカ・ラミレス／メキシコ）『マリアカミラのプレゼント』（監督：アンドレス・モラノ・モンカダ／コロンビア）『ソリの合唱団』（監督：トルフィン・イヴェルセン／ノルウェー）『イェンイェンの大作戦』（監督：シュ・シーイエ／中国）『国境を越えて』（監督：ヨハンネ・ヘルゲラン／ノルウェー）『ルシアの祈り～メスキートの木の奇跡～』（監督：アナ・ラウラ・カルデロン／メキシコ）他

※井ノ原快彦さん、齊藤工さん、スペシャル・サポーターとして初参加。

2022年

第29回　キネコ国際映画祭

11月2～6日　iTSCOM STUDIO&HALL二子玉川ライズ／109シネマズ二子玉川／シュクレペール／ふたこビール醸造所／多摩川河川敷（二子玉川公園前）

上映作品 『キュウリの村』（監督：ダウド・ヌグラハ／インドネシア）『ぼくのなまえはオソレ』（監督：エリザ・プロツィエニアック＝アルバレス／ドイツ）『うちのじいじは字が書けない』（監督：諸江亮／日本）『わたしのクマちゃん』（監督：ルー・リガウディ／カナダ）『シチリアを征服したクマ王国の物語』（監督：ロレンツォ・マトッティ／フランス・イタリア）『フランツの大発見！』（監督：ヨハネス・シュミット／ドイツ・オーストリア）『ぜんぶ、ボクのせい』（監督：松本優作／日本）『ビッグマン　車い

すのヒーロー』（監督：カミール・シャウウェナール／オランダ・ドイツ）他
※イモトアヤコさん、スペシャル・サポーターとして初参加。

2023年

第30回　キネコ国際映画祭
11月1〜6日　二子玉川ライズ　スタジオ&ホール／109シネマズ二子玉川／玉川髙島屋本館1F特設会場／シュクレペール／ふたこビール醸造所／多摩川河川敷（二子玉川公園前）（予定）

構成　平川友紀
編集協力　高橋靖典（アーキタイプ株式会社）
鼎談撮影　山口真由子
本文組版　有限会社マーリンクレイン

たひらみつお

1965年北海道生まれ。キネコ国際映画祭フェスティバル・ディレクター。幼い頃から映画が大好きで、1983年、ハリウッドの映画監督になるべく渡米、『ニューヨーク・ヨミウリ』の企画で全米48州のバイク旅行を敢行。帰国後、人材派遣業・薪ストーブ専門店（東京ストーブ）の株式会社カイクラフトを設立。1992年、第1回〈キンダー・フィルムフェスト・ジャパン〉（後に〈キネコ国際映画祭〉に改称）を開催。以後、フェスティバル・ディレクター、プログラミング、アート・ディレクター、セールス（営業担当）すべてを一人で担っていた。2016年からは会場を二子玉川に移し、東急グループがメインスポンサーに。18年には世田谷区が共催となり、新たなチームスタッフとともに世界でも有数の「子どもたち、ティーンズ、そして街に愛される」国際映画祭を目指している。

子《こ》どもたちに映画《えいが》を!

キネコ国際映画祭《こくさいえいがさい》ができるまで

2023年10月30日　第1刷発行

著　者　たひらみつお

発行人　清宮　徹

発行所　株式会社ホーム社
〒101-0051　東京都千代田区神田神保町3-29　共同ビル
電話　編集部　03-5211-2966

発売元　株式会社集英社
〒101-8050　東京都千代田区一ツ橋2-5-10
電話　販売部　03-3230-6393（書店専用）
読者係　03-3230-6080

印刷所　TOPPAN株式会社

製本所　株式会社ブックアート

定価はカバーに表示してあります。
造本には十分注意しておりますが、印刷・製本など製造上の不備がありましたら、お手数ですが集英社「読者係」までご連絡ください。古書店、フリマアプリ、オークションサイト等で入手されたものは対応いたしかねますのでご了承ください。なお、本書の一部あるいは全部を無断で複写・複製することは、法律で認められた場合を除き、著作権の侵害となります。また、業者など、読者本人以外による本書のデジタル化は、いかなる場合でも一切認められませんのでご注意ください。

©Mitsuo TAHIRA 2023, Published by HOMESHA Inc. Printed in Japan
ISBN978-4-8342-5376-4　C0095